# 대화의
# 절반은
# 협상이다

상황을 **역전**시키고 **주도권**을 잡는 **딜메이커**되기

# 대화의
# 절반은
# 협상이다

안준성 지음

# 당신도 성공적인 협상가가 될 수 있다

"형님, 아마존 진출을 축하드립니다!"

미국에 있는 대학 후배로부터 전화가 왔다. 집 근처 구립도서관에서 '협상' 관련 도서를 검색하다가 우연히 내 책을 발견해서 반가웠다고 했다. 혹시나 하는 마음에 다른 도서관 자료도 검색해 보니, 검색결과 최상위에 나왔다고 덧붙였다. 미국 아마존에는 영문명 《Dealmakers beyond Negotiation》으로 소개되었다면서 내게 한턱 내라고 난리다. 언젠가는 '출판 한류'를 타고 영어 번역본으로 출간될 날을 고대해 본다.

2022년 12월 출판사로부터 개정판 출간 제의를 받았다. 2014년 초판을 찍은 후, 9년여가 지났다. 한 달에 수천 권의 신간이 쏟아지는 시대에 들려온 무척 반가운 소식이었다. 이 벅차오르는 기쁨의 감격을 이 책을 읽고 홍보해 준 모든 독자분과 '함께' 나누고 싶다. 특히 이 책을 추천도서로 정독한 수많은 독서 모임 회원들에게 심심한 감사를 표한다.

"너무 깨알 같은 자랑 아닌가요?"

옆에서 듣고 있던 집사람이 일침을 놓았다. 맞다! 바로 그 '깨알'이다. 사실 필자의 집필 모토는 '티끌' 모아 태산이다! 요즘 유행하는 표현을 쓰자면, 일본 작가 무라카미 하루키(村上春樹)가 말한 '소확행(小確幸: 소소하지만 확실한 행복)'이다. 이 책이 독자들의 일상생활에서 작지만 진정한 행복을 가져다주는 매개체가 되길 희망한다. 이 책에 수록된 '디테일한' 에피소드를 통해 독자들이 생활협상에서 승리하는 즐거움을 맛보길 바란다.

이 책은 고리타분한 협상이론 서적과 달리 이렇듯 일상 속에서 흔히 겪을 수 있는 다양한 사례를 통해 협상에 대한 이해를 돕고자 한다. 이 책의 특징은 다음 몇 가지로 요약할 수 있다.

첫째, 필자의 실제 경험을 토대로 최대한 디테일하게 쓰려 노력했다. 다양한 소재를 다루기 위해 주위 사람들에게 도움을 받은 경우에도 사건의 사실적 묘사를 위해서 나름대로의 고증과정을 거쳤다. 외국 베스트셀러에 자주 등장하는 문화적 이질감이 강한 사례, 또는 미국과 러시아의 냉전 같은 해묵은 소재는 아예 언급도 하지 않는다. 우리 실생활에서 흔히 접할 수 있는 다양한 상황을 제시함으로써 협상에 대한 친밀도를 한층 높이려 노력하였다.

둘째, 실제 협상 부분은 큰따옴표(" ")를 사용한 대화체 형식으로 기술했다. 협상의 현장감을 생생하게 전달하고 독자의 흥미를 높이기 위해서이다. 개인정보 보호 및 외국어 번역 등의 기술적인 이유로 인해서 약간의 '작가적 상상력'을 가미했는데, 이에 대해서는 미리 양해를 구한다.

이 책은 총 4장으로 구성되었는데, 1장에서는 국제통상 협상의 실상을 다룬다. 한미통상협상, 한일 자유무역협정(FTA) 협상 등의 국제통상협상 테이블에서 발생한 다양한 비하인드 스토리는 분명 독자들의 흥미를 돋우기에 충분할 것이다. 또한 이 책의 키워드인 '딜메이커(deal-maker)'의 개념과 요건을 자세히 설명한다.

2장은 딜메이커의 양면성을 다루는데, 딜메이커의 반대말인 '딜브레이커(deal breaker)' 개념을 제시해 상호 비교함으로써 협상을 더욱 명료하게 이해할 기회를 제공하고자 하였다. 딜메이커는 상대적인 개념이기 때문에 관점 또는 시점에 따라 다르게 평가될 수 있다. 어제의 딜브레이커가 오늘의 딜메이커가 될 수 있는 것이다. 딜메이커와 딜브레이커 역할을 동시에 수행할 수도 있다.

이어 3장에서는 성공적인 딜메이커는 어떻게 협상전략을 만드는지를 제시하였다. 여기서 눈여겨보아야 할 개념은 미국 변호사들이 주로 사용하는 법률논리인 '리걸 마인드(Legal Mind)'이다. 협상에서 성공하려면 팩트(Fact)를 효과적으로 활용해야 하는데, 그러려면 상대편이 은폐하려는 불리한 사실 등을 논리적인 사고를 통해 유추할 수 있어야 한다. 또한 성공적인 협상을 하려면 특정 사실에 집착해서는 안 된다. 3장에서는 팩트를 효과적으로 사용하고 공감, 협박 등 상대방이 구사할 수 있는 다양한 전술에 효과적으로 대응하는 방법을 배울 수 있을 것이다.

마지막 4장에서는 협상의 절충안을 만드는 '딜메이킹(deal-making)' 과정을 자세히 다루었다. '나누기, 흔들기, 주고받기'의 세 가지 주요 기술을 다양한 사례를 통해서 제시하였다. '나누기'는 고정관념의 틀을 깨는 참신한 제안하기, '흔들기'는 상대방의 마음을 사로잡을 수 있는 역제안하기, '주고받기'는 제안과 역제안 모두를 적절히 수용하는 새로운 제3의 절충안 만들기를 이르는데, 이 세 가지 기술을 한 번에 묶는 콤비네이션 전략도 가능하다.

이 책을 읽는 독자들이 사는 동안 끊임없이 만날 수밖에 없는 협상의 현장에서 때로 나누고, 흔들고, 주고받으며 성공적인 협상을 이루어나갔으면 좋겠다. 조금만 생각을 바꾸어도 우리는 주어진 문제를 더 많이, 더 현명하게, 더 유리하게 해결하며 생활할 수 있다. 이 책이 그 협상의 과정에 실질적인 도움이 되기를 바란다.

2023년 서초동 카페에서
안준성

# CONTENTS

# 협상의
# 주도권을 잡아라

DEALMAKERS BEYOND NEGOTIATION

## 협상을 성공시키는 사람, 딜메이커는 누구인가?

딜메이커는 거래(deal)를 성사시키는 사람을 말한다. 이 책에서는 협상을 성공시키는 사람을 의미한다. 협상가로서의 딜메이커는 종종 딜레마에 빠지곤 한다. 너무 설쳐도 안 되고 너무 수동적으로 보여도 질타를 받을 수 있다. 딜메이커에게는 여러 적이 있지만 최대의 적은 다름 아닌 내부에 있다. 내부갈등의 해결능력이 궁극적으로 협상을 성공으로 이끄는 열쇠가 된다. 또한 협상을 하다가 서로의 입장이 바뀌는 경우도 있으므로, 항상 탄력적으로 협상에 임하는 자세가 필요하다. 딜메이커의 성공여부는 다분히 주관적으로 판단되는 경향이 강하다는 점을 항상 유념해야 한다.

# 협상은 자리싸움이다

최근 '소개팅 식사 에티켓'이라는 설문조사에서 흥미로운 결과가 나왔다. 20세 이상 미혼남녀 1,279명에게 소개팅에서 접한 비호감 행동 1위를 꼽도록 했는데, 남녀의 비호감 1위가 확연히 달랐다. 남성의 경우는 '음식을 깨작깨작 먹으며 남기는 모습'을, 여성의 경우는 '쩝쩝 소리를 내며 먹는 모습'을 각각 꼽았다. 남성의 80퍼센트 이상은 '잘 먹는 이성에게 호감을 느낀다'고 답한 반면 여성들은 주로 식사 에티켓에 비중을 두었다. 이러한 차이는 어디에서 오는 것일까?

일반적으로 소개팅에서는 남성이 식사비를 지불하는 것이 관례이다. 돈을 지불하는 남성 입장에서는 당연히 식사를 맛있게 하는 모습에 호감을 느낄 수 있다. 반대로 음식을 깨작깨작 먹거나 남길 경우, 간접적인 비호감의 표현으로 여겨질 수도 있다. 한편 경제적 부담에서는 자유롭지만 애프터 결정권을 가진 여성은 남성의 태도에 시선을 집중한다. 다시 만나볼 가치가 있는 사람인가를 남성의 태도를 살피며 유심히 재고 따지는 것이다. 이렇듯 상대적 위치가 입장의 차이를 만들어낸다. 남성은 '자신이 고른 메뉴를 덜어주며 권하는 모습'을, 여성은 '먹기 힘든 음식을 적당한 크기로 잘라주는 모습'을 최고로 뽑았는데 이 또한 남녀의 이러한 입장 차이에서 비롯되는 것으로 볼 수 있다.

소개팅은 협상과 비슷한 점이 있다. 이성 친구를 만나서 사귄다는 동일한 목표를 가지고 있지만, 입장의 차이가 확연한 두 남녀가 한 테이블에 마주하고 있기 때문이다. 우리는 이렇듯 같은 목적을 가지고 있더라도 입장의 차이가 확연한 사람들을 대하며 매일매일 일하고 사랑하고 생활하고 있다. 사람을 만나는 매 순간이 바로 협상인 것이다.


〔 협상은 과정이다 〕


**왕 노릇하면 짤린다** | 협상가는 메신저

영화 〈광해: 왕이 된 남자〉에서 영화배우 이병헌은 광해군과 그를 쏙 빼닮은 저작거리 만담꾼 하선의 1인 2역을 맡는다. 만담꾼 하선은 궁중의 법도를 도승지 허균(류승룡)에게 교습받고, 다음 세 가지 말만 하라는 엄명도 받는다.

"게 아무도 없느냐?"
"들라 하라."
"경의 뜻대로 하시오. 다음."

그는 진짜 왕이 아니라 오로지 왕과 똑같이 생긴 대역이기 때문이다. 과유불급. 너무 많이 알아도 탈이 날 수 있다. 도승지는 131분의 러닝타임 동안 대사가 거의 없는 중전(한효주)을 특히 조심하라고 지시하기도 한다. 그런데 하선이 조금씩 자신의 목소리를 내기 시작하면서 문제가 발생한다. 왕 노릇을 하면 안 되는 만담꾼 하선, 그가 넘어서는 안 될 선을 넘으면서 영화는 정점에 다다른다.

〈네고시에이터〉 같은 영화를 보면 협상가는 달변으로 상대방을 옴짝달싹 못하게 하고, 자신의 의도대로 상대방을 움직이게 하는 사람으로 생각하기 쉽다. 하지만 실제로 협상의 현장에서 협상가를 보면 그러한 환상이 와장창 깨질지도 모른다. 오히려 왕 노릇을 하는 만담꾼 하선과 더 비슷한 점이 많기 때문이다.

협상가는 내부적으로 합의된 입장을 상대편에게 전달하는 메신저 역할을 주로 한다. 만담꾼 하선이 세 가지의 말만 할 수 있듯이 협상가도 생각보다 재량권이 많지 않다. 만담꾼 하선처럼 왕 노릇을 하기 시작하면, 협상가도 결국 자기 자신을 궁지로 몰아갈 수 있다. 영화 속의 단역배우처럼 언제든지 해고될 수 있기 때문이다. 돌아올 수 없는 다리를 건너는 셈이다. 율리우스 카이사르의 루비콘 강처럼.

주사위는 이미 던져졌다. 협상가는 이 주사위를 바꿀 수가 없다. 협상가는 자신을 고용한 클라이언트의 최종입장을 전달받은 후, 협상 테이블 건너편에 앉아 있는 상대 측에 전달하는 메신저 역할을 한다. 마치 온라인서점에서 주문한 책을 배달해주는 친절한 택배 아저씨처럼. "여기 서명해주세요." 협상가의 역할은 거의 다 작성된 계약서에 서명을 받아오는 것과 비슷하다고도 볼 수 있다.

협상가에게 큰 재량권이 주어지지는 않지만, 결과에 대해서는 가혹할 만큼 높은 기대를 받는 경향이 있다. 권리는 거의 없고 책임만 많은 셈이다. 어쩌면 그래서 협상 전문가를 찾기가 어려운지도 모른다. 재량권은 없는데 책임만 엄청나게 강요되는 위치를 원하는 사람은 없으니까.

협상의 성패여부는 다분히 주관적으로 판단되는 경향이 있다. 협상안이 클라이언트가 제시한 원안과 얼마나 다른가로 협상을 평가하는 경우가 많기 때문이다. 수정사항이 적을수록 성공한 협상이고, 많을수록 실패한 협상으로 본다. 다시 말하자면, 원안을 100퍼센트 그대로 다 받아들여야만 성공한 협상이라고 간주하는 것이다.

하지만 협상의 결과를 단순히 원안고수비율로 판단하는 하는 것은 문제가 있다. 진정한 협상이란 나의 의견을 완전히 관철시키는 것이 아니라 양측이 제시한 각자의 원안을 검토하여 새로운 절충안을 만들어내는 '딜메이킹' 과정이기 때문이다.

소개팅의 목적은 남성이나 여성이나 똑같다. 이성 친구를 만나서 외로움을 더는 것. 한눈에 반하는 사람들은 세상에 흔치 않다. 마음에 들지 않는 부분이 있다 해도 단점보다 장점을 눈여겨보면 서로의 목표를 이룰 가능성이 더 커진다. 국제협상론 강의시간 중에 한 학생이 질문을 했다.

"교수님, 협상의 정의가 무엇입니까?"

"협상은 과정입니다!"

간결한 대답에 학생은 약간 놀란 것 같았다. 협상이 과정이라는 것은 과연 무엇을 뜻하는 것일까? 협상에 대해 이야기할 때 우리는 주로 결과에 초점을 맞춘다. 목표한 것을 협상력을 통해서 다 얻을 수 있다는 착각에 쉽게 빠지기 때문이다. 하지만 협상에서 더욱 중요한 것은 과정이다. 협상이란 의견을 달리하는 두 그룹이 합의를 도출하는 과정이기 때문이다. 양측이 합의할 수 있는 결론에 도달해야만 협상은 성공한다. 키 크고 잘생기고 돈 잘 벌고 매너까지 좋은 남자, 예쁘고 착하고 경제력 있고 배려까지 돋보이는 여자를 소개팅으로 만나기란 하늘의 별 따기다. 그중 한두 가지 요건이 충족되고 그 사람이 싫지 않다면 한두 번 더 만나보는 것. 그것이 바로 소개팅의 법칙이다. 100퍼센트 이상형만을 고집한다면 소개팅으로 이성 친구를 만날 가능성은 제로에 가깝다.

그런데 협상은 그 목적에 따라 크게 두 가지로 나뉜다. 바로 타결을 위한 것과 파결을 위한 것이다. 일반적으로 협상은 타결을 위해서만 진행된다고 믿는 사람이 많다. 필자 역시 한때는 그렇게 믿었다. 협상'타결'이라는 말을 더 많이 들어왔기 때문에 '파결'이라는 말을 잘 알지도 못할뿐더러, 협상이란 자고로 '타결'을 위해 쉼 없이 달려가는 마라톤쯤으로 여긴다. 그러나 의외로 파결을 위한 협상도 상당히 많다. 그런데 처음부터 파기할 거라면 왜 협상하는 시늉을 하는 것일까?

## 저보다 더 좋은 사람 만나세요! | 협상 타결과 협상 파결

소개팅 이야기로 다시 돌아가보자. 소개팅에도 타결과 파결이 있다. 타결은 소개팅으로 마음에 드는 이성 친구를 만나서 서로 사귀는 것이고 파결은 반대의 경우다. 소개팅의 추억을 떠올려보라. 유독 기억에 남는 이성이 있을 것이다. 당신의 이상형에 가장 가까웠던 그 친구는 왜 그날 전화를 받지 않았을까? 소개팅 분위기도 정말 좋았는데. 왜? 아직까지 전혀 이해가 되지 않는 이 같은 만남이 한두 번쯤은 있었을 것이다. 이는 상대방의 소개팅 목적이 일반적으로 소개팅에 임하는 사람들과 다를 경우에 가능한 시나리오다. 명분을 지키기 위해서 소개팅 자리에 나오는 경우도 종종 있다. 예를 들어, 소개팅을 주선한 친구에게 신세를 진 경우이다.

"지난번 진 빚 갚을 기회 줄까?"

"응? 어떻게?"

"소개팅 한번 나가줘."

"난 남자친구 있는데!"

"나도 알아. 그냥 앉아 있다가 오면 돼!"

"애프터 신청하면 어떡해?"

"그럼 '저보다 더 좋은 사람 만나세요!'라고 정중히 거절하면 되지, 뭐."

소개팅에 참석하는 어느 한쪽이 다른 목적을 가지고 있다면, 불행한 결과가 초래될 수 있다. 세상에는 명분을 쌓기 위해 어떤 일을 하는 사람들이 생각보다 많다. 나름대로 이유는 다 있지만, 의도치 않게 다른 사람에게 상처를 주기도 한다. 위의 소개팅 남처럼 선의의 피해자가 발생할 수도 있다.

'어떻게 해서든 남자 친구를 만들고 말겠어!'라는 마음가짐으로 소개팅에 임하는 사람과 '친구 체면도 있으니 나가서 그냥 밥이나 먹고 오지, 뭐' 하는 마음으로 나간 사람은 애초부터 목적이 다르므로 태도와 결과도 다를 수밖에 없다.

이처럼 협상 담당자 간의 이견은 협상을 어렵게 하는 근본적인 이유이다. 목적의 차이는 처음부터 생길 수도 있고, 상황에 따라 중간에 생기기도 한다. 한마디로 예측하기 어려운 돌발변수이다.

### 왜 설쳐, 왜 왔어? | 협상가는 중용의 존재

아무리 체면치레하러 소개팅에 참석했다고 해도 이왕에 나온 자리니 그 자리에서 자신을 어느 정도는 보여주어야 한다. 화난 사람처럼 꽁하고 있어도 안 되고, 그렇다고 너무 적극적으로 나서서 상대방에게 마음이 있는 것 같은 인상을 줘서도 곤란하다. 국가 간 통상협상에서도 이와 비슷한 상황이 연출될 때가 있다. 한미통상협상에 정부 대표로 처음 참가하기 전에 직장 선배에게 물었다.

"선배님, 제 역할은 뭔가요?"

"그냥 조용히 갔다 오면 되는 거야."

"그게 무슨 뜻인가요?

"같이 출장 가는 공무원에게 '왜 설쳐?'라는 말을 안 들으면 성공하는 거야."

"아하! 묵비권을 행사하라는 말씀인가요?"

"그건 아니지. 너무 조용하면 '왜 왔어?'라는 잔소리를 듣게 되지. '왜 설쳐?'와 '왜 왔어?'의 중간이 우리에게 이상적이지."

"그것을 어떻게 구분하죠?"

"그건 간단하지. 물어보는 말에만 대답하면 돼."

얼마 후, 미국연방 수도인 워싱턴D.C로 출장을 갔다. 백악관 바로 옆 17번가에 위치한 미국무역대표부 사무실에서 열리는 협상에 참여하기 위해서였다. 북서쪽으로 네 블록 떨어진 21번가에 위치한 조지워싱턴 대학을 졸업하고 귀국한 지 2개월 만이라서 감회가 새로웠다.

필자로서는 첫 번째 통상협상이라서 약간 얼떨떨했다. 협상은 첫 날부터 그리 순탄치 않았다. 며칠간의 줄다리기 협상이 계속됐다. 낮에는 미국무역대표부 사무실에서 실무협상을 하고, 밤에는 정보통신부 버지니아 주 사택에 옹기종기 모여서 출장보고서를 작성하느라 매일 밤을 새웠다. 미국 정부와의 협상보다 밤샘보고서 작성이 체력적으로 더 힘들게 느껴졌다. 공식보고서 작성은 공무원의 몫이라 다행히 짬짬이 새우잠을 청할 수 있었다. 그런데 첫날 협상이 끝나고, 택시를 타면서 담당 팀장이 대뜸 말했다.

"안 박사, 여긴 왜 왔어?"

달리는 택시 안에서 출국 전에 선배가 해준 말이 주마등처럼 스쳐갔다. 선배가 당부했던 꼭 피해야 하는 두 가지 상황 중 하나를 겪게 된 것이다. 같이 온 공무원 입장에서는 내가 큰 활약을 보이지 않았다는 쓴소리다. 다행히도 최악의 상황은 피했다. "왜 설쳐?"라는 잔소리는 정말 최악이기 때문이다. 장고 끝에 악수를 둔 것일까? 과묵한 '안 박사'라고 생각해주길 바랄 뿐이다.

사실 억울한 면도 아주 없진 않다. 아무도 협상 중에 질문을 안 했기 때문이다. 선배는 질문하는 것에만 답변하면 된다고 했는데. 이론과 현실의 괴리라고나 할까. 사실 그날 협상은 별다른 쟁점이 없었다. 서로 각자의 주장만을 고집하고 상대방 입장을 하나도 수용하지 않는 교착상태였기 때문이다. 그런 상황에서 영어로 소리라도 버력 지르라는 뜻인가? 혹시 교착상태를 타계하기 위한 한 방을 기대한 건 아닐까? 대역배우로서 통상협상에 참여하는 데는 이런 어려움이 있다. 하고 싶은 말이 있어도 못하고, 마음에 없는 말을 기계적으로 반복해야 한다. 마치 경복궁 근정전의 만담꾼 하선처럼.

"경의 뜻대로 하시오. 다음."

## [ 딜브레이커는 내부에 있다 ]

**날 뭐로 보는 거야!** | 딜메이커와 딜브레이커는 종이 한 장 차이

협상가는 크게 두 가지 유형으로 나눌 수 있다. '딜메이커'와 '딜브레이커'다. 전자는 딜을 성사시키는 사람이고, 후자는 딜을 깨는 사람이다. 사람들이 자주 헷갈려하는 점이 있다. 같은 편은 무조건 딜메이커, 상대편은 무조건 딜브레이커로 간주하는 것이다. 이는 두 가지를 구분할 때 흑백논리를 적용하기 때문이다. 하지만 복잡한 협상의 세계는 단순한 흑백논리만으로 설명되지 않는다.

협상에서 가장 상대하기 어려운 적은 바로 다름 아닌 '내부의 적'이다. 외부의 적은 내부사정을 잘 모르기 때문에 그리 불리하지 않지만 내부의 적은 우리 사정을 속속들이 잘 알고 있기 때문에 더욱 위험하다. 협상에서 내부의 적은 과연 누구일까? 간단히 말하자면, 누구나 될 수 있다! 내부의 적이 어떤 위치에 있느냐에 따라서 협상

전략에 미치는 영향도 달라진다.

"아니! 대한민국 공무원을 뭐로 보는 거야!"

꽝! 전화기가 부서질 듯한 굉음에 새우잠에서 깨어났다. '아이! 뭐야!' 눈을 비비고 손목시계를 보니 워싱턴 현지 시간은 새벽 2시였다. 한국 시간으로는 업무피로감이 몰려오는 오후 4시이다. 열네 시간의 시차에 적응이 아직 되지 않은 상태라서 비몽사몽이었다. 한미 통상협상 둘째 날 새벽이었는데 본부와 전화통화를 한 후, 팀장이 버럭 소리를 친 것이었다.

왜 화가 났는지 궁금했다. 알고 보니 둘째 날 협상에서 우리 측 입장을 번복하라는 본부의 지시가 내려왔다고 한다. 당시 한미 양국은 서로 입장 차를 좀처럼 좁히지 못한 채 교착상태에 빠져 있었는데, 우리 팀의 역할은 딜브레이커였다. 우리 입장을 관철시키지 못하면 아예 협상을 맺지 않는 것이 우리의 목표였던 것이다. 그런데 협상 첫날에는 A라는 입장을 취하면서, 미국 측이 주장하는 B라는 입장을 정면으로 반박해놓고, 둘째 날에는 언제 그랬느냐는 식으로 '사실 우리도 당신들처럼 B입장입니다!'라고 말하라는 것이다. 협상 하루 만에 딜브레이커에서 딜메이커로 역할이 완전히 뒤바뀐 것이다. 이 변신은 마치 악역 전담 배우가 '천사 표' 주연배우로 거듭나는 것과 같다.

문제는 본부의 입장이 바뀐 이유이다. 장관의 의중이 하룻밤 사이에 바뀐 걸까? 그건 아니다! 관련 업계의 입장이 급선회했기 때문이다. 출국 직전 대책회의에서도 줄곧 A입장을 고수해달라고 신신당부를 했던 특정 기업이 협상이 시작되자 입장을 번복한 것이다. 도대체 누구를 위한 협상이란 말인가? 덕분에 이틀째 협상은 싱겁게 끝이 났다. 그때 깨달은 바가 있다. 국제통상협상에서 각국 협상팀의 역할은 자국 사기업의 이익을 대변하는 메신저일 뿐이라는 사실이다. 만담꾼 하선처럼 미리 정해준 세 가지 말만 반복할 뿐인 셈이다. 이런 암울한 현실은 크나큰 충격으로 다가왔다. 세계무역기구(WTO) 분쟁해결기구에 제소를 하는 경우도 비슷한 맥락이라고 볼 수 있다. 사기업 간의 의견조율이 어렵거나, 대외적으로 갈등관계의 표출을 원치 않는 경우가 많기 때문에 일어나는 일이다.

## 당장 귀국하세요 | 입장 변화에 대비하라

비즈니스 협상에서도 비슷한 상황은 발생한다. 예컨대, 회사 사장이 '내부의 적' 역할을 할 경우, 협상가는 어려운 상황에 빠지고 만다. 협상 테이블에서는 타결을 위해서 고군분투하는데, 정작 최고경영진이 협상결렬도 불사하라는 강경한 자세로 나오는 경우는 최악의 상황이다.

우크라이나에서 소프트웨어 라이선스 협상을 할 때 비슷한 일이 벌어졌다. 국제선 비행기를 세 번 갈아타고 간신히 우크라이나에서 세 번째로 큰 도시 드니프로페트로브스크(드니프로)에 도착했다.

보통 사람들은 '우크라이나' 하면 '예쁜 여자가 많은 나라' 정도로만 알고 있지만, 사실 우크라이나는 과학기술이 상당히 발달한 나라이다. 1986년 원자력발전소 사건이 발생한 체르노빌은 수도인 키이우(키예프)에서 약 100킬로미터 떨어진 곳이다. 원전사고가 발생한 지 20여 년이 지났지만 아직도 민간인의 출입은 철저히 통제된다. 원자력 기술이 발전했어도 엄청난 안전사고가 발생할 수 있는, 원자력 발전의 위험성을 여실히 보여준 사례이다.

인공위성 발사체 기술도 세계적이다. 옛 소련 시절 확보한 대륙간탄도미사일(ICBM)을 바탕으로 안정적인 발사체 기술을 보유하고 있다. 문제는 자체 발사장이 없어 러시아의 도움 없이는 독자적인 우주개발을 할 수 없다는 점이다. 2012년 6월 우크라이나에서 미사일 관련 극비 기술을 빼내려던 북한인 2명이 간첩혐의로 체포돼 8년 징역형을 선고받은 일도 있다. 이들은 벨라루스 주재 북한무역대표부 직원으로 로켓 발사체 개발 전문 설계회사인 '유즈노예' 직원들을 포섭하고 국가 기밀인 로켓 기술을 빼내려 하였다. 2011년 7월 '기밀' 분류 표시가 된 로켓 과학자들의 논문을 카메라로 촬영하다 체포된 곳이 바로 드니프로의 한 차고였다. 그들은 로켓의 사거리를 크게 늘릴 수 있는 액체 연료 엔진 시스템에 관한 자료를 확보하려 했던 것으로 전해졌다.

드니프로에서의 비즈니스 협상은 예상외로 순탄하지 않았다. 우크라이나 회사 측에서 우리의 원안을 수용할 수 없다는 강경한 입장을 취했기 때문이다. 서울 본사의 사장도 계속 고집을 부렸다. 급기야 우리 팀 직원이 사장에게 국제전화를 걸었다.

"사장님, 아무래도 원안 고수가 어려울 것 같습니다."

"그 점이 관철 안 되면 그냥 귀국하세요!"

"네에? 그러다가 협상 자체가 깨질 수도 있는데요!"

"상관없어요! 당장 귀국 항공편 예약하세요!"

"사장님!"

"끊습니다! 뚜우~!"

정말 최악의 상황이었다. 기껏 여기까지 왔는데, 파결이 아니라 타결이 목표였는데, 아무것도 하지 말고 돌아오라니! 의외로 이런 상황은 자주 발생한다. 근본적인 원인은 멀리 떨어져 있는 경영진이 협상 테이블을 마음대로 조정할 수 있다고 생각하는 데에 있다. 협상 테이블에서 벌어지는 자세한 내용은 모른 채, 부분적인 사항에 대해 강경한 자세를 취할 수 있기 때문에 문제가 심각해진다. 이럴 때는 정말이지 협상가 입장에서 난감할 수밖에 없다. 조금만 양보하면 더 큰 성과를 거둘 수 있을 것 같은데, 현장의 상황은 잘 알지도 못하면서 원안만을 고집하면 정말이지 답답하기 그지없다.

이때 가장 중요한 것은 상대방의 반응이다. 지나치게 강경한 태도는 상대방의 협상 타결의지를 반감시킬 수 있기 때문이다. 상대방이 협상결렬을 준비할 경우, 우리 측에서 그 빌미를 제공하는 최악의 시나리오가 발생할 수도 있다. 대내외적으로 협상 실패의 모든 책임을 혼자 뒤집어쓸 수도 있는 것이다. 국제통상업무를 담당하는 공무원들이 가장 피하고 싶은 시나리오이다.

때로는 일회적 변화가 아니라 연속적 변화가 발생하기도 한다. 그렇기 때문에 변화무쌍한 협상의 세계에서는 보다 큰 틀에서의 전략적 접근이 필요하다. 일단은 초반에 어떠한 입장을 취하느냐가 협상의 결과를 좌우할 수 있다. 씨름경기의 샅바싸움과 비슷하다. 주심의 경기시작 신호 후, 얼마나 신속하게 상대방 샅바를 잡는가가 공격의 성패를 좌우할 수 있기 때문이다. 또한 위치에 따라 표현 방식이 바뀌기도 하므로 이에 유의해야 한다.

## [ 상대방의 입장에서 생각하라 ]

광화문 정보통신부(현 방송통신위원회)에 파견근무를 나온 지 얼마 안 돼서였다. 당시 필자는 국제협력국 소속으로 통상협상 참가 및 전반에 관한 법률자문을 하고 있었다. 오랜만에 파견기관 소속 직원들이 방문해서 피맛골에서 가볍게 회식할 기회가 생겼다.

"앞으로 잘 도와주세요."

"안 박사님, 이젠 공무원 다 되셨군요!"

"네에? 그게 무슨 말씀이시죠?"

"그건 공무원들이 자주 쓰는 표현이죠. 갑이 을에게 하는 전형적인 멘트고요."

이런저런 이야기꽃을 피우다가 헤어질 무렵 인사 차원에서 한 말이 화근이 된 것이다. 이래서 외국인들이 한국말을 배우기 어렵다고 불평하는 것은 아닐까? 똑같은 표현이라도 쓰는 상황 또는 위치(입장)에 따라서 문맥이 판이하게 달라질 수 있으니 말이다. 정녕 자리가 사람을 만들고 변화시키는 걸까?

KBS 〈개그콘서트〉에 '애정남(애매한 것을 정하는 남자)'이라는 코너가 있었다. 개그맨 최효종이 애매모호한 사실에 대한 명확한 해답을 제시해서 상당히 높은 인기를 누렸었다.

한 어린이가 올린 시청자 사연이 귀에 쏙 들어왔다. 에스컬레이터 안전탑승 요령에 관한 질문이었는데 에스컬레이터에는 손잡이를 꼭 붙잡으라고 쓰여 있지만, 같이 가는 엄마는 지저분하다고 엄마 손만 잡으라고 한다. 에스컬레이터 손잡이를 잡아야 할지 엄마 손을 잡아야 할지 애매모호하다. 애정남의 답변은 명쾌했다. "엄마 손을 잡아라!" 에스컬레이터는 2분만 타면 끝나지만, 엄마는 앞으로 최소한 20년을 더 봐야 하기 때문이다. 관계의 지속성 여부에 따라 중요도를 구분한 것이다. 관계중심적인 해결책이다. 위치에 따른 갈등관계에서는 관계의 지속여부가 그 해법에 중요하게 작용한다. 공무원과의 갑을관계인 경우는 더욱 그렇다.

얼마 후, 다른 파견직원이 자신의 경험담을 털어놓았다. 산하기관

직원과 말다툼을 했는데 그쪽에서 무척 심한 말을 들었다고 했다. 도대체 무슨 말을 들은 것일까?

"당신, 공무원처럼 행세하지 마세요!"

대한민국 사회에서 공무원이라는 세 글자에 담긴 함축적인 의미를 새삼 깨닫게 해준 에피소드였다.

미래의 통상전문가를 꿈꾸는 학생들에게는 다소 충격적일 수 있지만, 공무원 조직 중 통상파트는 비인기 분야이다. 물론 여기서 통상파트란 통상업무를 전담하는 산업통상자원부를 제외한 중앙부처를 의미한다. 왜 인기가 없을까? 영어도 부담되지만, 비난을 받는 경우가 많기 때문이다. 협상이 타결되면 제2의 을사조약이니 뭐니 하는 비판을, 안 되면 국민의 혈세를 낭비한다는 비판을 받기 쉽다. 예컨대 기상청의 일기예보가 자주 틀리면, 기상청 직원들이 슈퍼컴퓨터로 테트리스 게임을 너무 많이 해서 그렇다는 우스갯소리를 하듯 말이다. 이해관계가 팽팽하게 맞서기 때문에 어떤 결과가 나와도 비난을 받을 수 있다. "왜 설쳐?" "왜 왔어?"와 비슷한 상황이다. 한미 FTA 협상처럼 정치적인 이슈까지 뒤얽힌 통상협상일 경우 여론에 무척 민감할 수밖에 없다. 게다가 실무담당자가 교체되면 정말 힘들어지는데, 때로 짧게는 3개월 단위로 교체가 되기도 한다. 그때마다 신참 담당자에게 진행상황을 처음부터 일일이 설명해줘야 하기 때문에 스트레스가 이만저만한 게 아니다. 그런데 이런 사제관계도 금이 가는 경우가 종종 발생한다. 스위스 제네바에서 열린 FTA 협상 전날 리셉션에서 생긴 일이다.

"그렇게 말씀하시면 제 체면이 뭐가 되죠?"

"아니…… 전 그냥 도와드리려고 했을 뿐이데……."

"그래도 이건 아니잖아요!"

도대체 무슨 일이 벌어진 것일까? 잠시 시간을 되돌려보자. 신참 담당자와 스위스 제네바로 출장을 갔을 때이다. 새로운 담당자의 영어실력이 걱정됐다. 특히 r, f 발음이 불명확했다. 정보통신 분야는 전문용어가 많아서 정확한 발음이 매우 중요하다. 또한 나라마다 각기 다른 용어를 사용하는 경우가 많아서 정확하게 설명을 해줘야 불필요한 오해를 줄일 수 있다.

예를 들면, '기간통신사업자'라는 전문용어가 있는데, 일반인들에게는 다소 생소한 단어이다. 이는 SKT, KT처럼 자신의 통신망을 이용해서 사업을 하는 통신회사를 의미한다. 그런데 미국 법에서는 기간통신사업자라는 용어를 쓰지 않기 때문에 부득이 Facilities-based Service Provider(FSP)라는 긴 콩글리시 신조어를 사용한다. 우리와 비슷한 통신규제 정책을 쓰는 일본에서는 발음하기 편하게 'Type 1' 사업자라고 부른다. 협상 중에 FSP라고 말하면 알아들을 외국인은 거의 없다. 전문용어를 어떻게 만드는가도 협상전략 측면에서 중요하다. 상대방이 이해하기 어려운 단어를 쓸 경우, 불필요한 오해를 사기 쉽고, 절충안을 만드는 과정도 순탄치 않을 것이다. 상대방이 정확하게 이해해야 딜 자체가 가능하기 때문이다.

상황이 이러하기에 사전작업의 필요성을 인지하고 대책마련에 고심했다. 공무원 세계에서는 이를 흔히 '자가발전'이라고 부른다. 그런데 과유불급이었나? 너무 잘해주려는 마음이 앞서다 보니 예상하지 못한 불상사가 발생했다. 협상 시작 전날 칵테일파티에서 스위스 대표와 잠깐 인사를 나눌 때였다.

"만나서 반갑습니다."

"저도 반갑습니다."

"내일 협상에서 잘 부탁드립니다. 제 동료가 국제협상이 이번이 처음입니다."

"네. 잘 알겠습니다."

바로 그 순간이었다! 담당 공무원이 대화에 불쑥 끼어들었다.

"그렇게 말씀하시면 제 체면이 뭐가 되죠?"

긁어 부스럼! 결과적으로 담당 공무원의 자존심을 건드린 꼴이 된 것이다. 그 사람의 입장에서는 기분이 충분히 상할 수도 있었을 것이다. 내가 조금 더 세련된 표현을 사용했으면 좋았을 것이라는 아쉬움이 남는다. 방금 전까지 사촌동생처럼 살갑게 대하던 그가 갑자기 갑의 모습으로 돌변해서 내게 까칠하게 항의하는 걸 보니 왠지 씁쓸했다. 자리가 사람을 만든다는 사실은 익히 알았지만, 섭섭함은 쉬이 가시지 않았다. 협상팀 내부에서도 상대방의 입장에서 생각하는 능력이 상당히 중요하다는 사실을 깨닫게 해준 에피소드였다.

상대적인 위치에 따라 협상전략도 바뀐다. 우리 측뿐 아니라 상대

측의 입장도 수시로 변동될 수 있다. 계약서상에는 갑을관계라는 것이 있다. 계약자들을 편의상 '갑'과 '을'로 구분하는데 '갑'은 상대적으로 지위가 높은, '을'은 상대적으로 지위가 낮은 계약자를 의미하기도 한다. 대기업과 중소기업 간 계약관계의 바로 그 예이다. 상대방과의 관계에 따라서 이런 갑을관계가 뒤바뀌는 경우도 생긴다.

우크라이나 협상 이틀째 날 생긴 일이다. 전날 협상에서 서울 본사 사장의 강경노선으로 낭패를 겪었던 우리 협상팀은 새로운 난제를 맞았다. 어젯밤까지만 해도 계약체결을 한 후, 소프트웨어 사용료를 빨리 입금해달라고 조르던 상대 측 입장이 돌변한 것이다.

"아무래도 협상진행이 어려울 것 같습니다."

"왜죠? 갑자기 왜 입장을 바꾸시는 거죠?"

"사실은…… 저희가 지금 글로벌 사업자와도 협상 중에 있는데요."

"네에? 누구요?"

"구글이요. 그쪽에서 한국을 포함한 글로벌계약을 체결하자고 강경하게 나와서요."

우크라이나 회사는 우리 몰래 제3의 회사와의 협상을 동시에 진행하고 있었다. 하필이면, 바로 우리가 우크라이나에 도착한 이후부터. 덕분에 우크라이나 회사는 자사의 입장을 5일간의 협상기간 중에 수시로 바꿨다. 우리 측보다 글로벌 사업자와의 협상이 더 중요하기 때문이다. 여기에서 구글은 갑, 우크라이나 회사는 을이 된다. 우리에겐 갑 행세를 하다가 구글 앞에서는 을로 전락하는 것이다. 덕분에 구글과의 협상 진행상황은 우리 측과의 협상에 많은 영향을 주었다. 오히려 우크라이나 회사는 자사의 이중협상을 협상카드로 이용했다. 전 세계를 하나로 묶는 글로벌계약을 원하는 구글에게는 우리 핑계를 대고, 반대로 국내 독점권만을 원하는 우리에게는 구글 핑계를 대는 식이었다. 결국 우크라이나 회사의 양다리전략 덕분에 우리 측과의 협상은 결렬됐다. 만약 미리 그런 사실을 알았다면 터키항공을 타고 머나먼 우크라이나까지 가진 않을 것이다. 성공적인 협상을 위해서는 상대방의 심중을 꿰뚫어보는 능력이 필요하다. 상대 측이 과연 딜메이커인지 아니면 딜브레이커인지를 초반부터 확인하기 위함이다. 비공개를 원칙으로 하는 국제협상에서 모든 사실을 파악하기는 어렵다. 그렇기 때문에 더욱더 상대방의 다양한 위치 변화에 대한 종합적인 대응전략 수립이 중요하다.

## [ 유리한 위치와 입장을 점하라 ]

### 해를 등지고 앉으시죠 | 위치가 달라지면 전략도 달라진다

"A sword day, a red day!"

"And the Sun rises!"

영화 〈반지의 제왕〉 제3편 〈왕의 귀환〉의 전투 직전 세오덴 왕 연설의 마지막 부분이다. 여기서 일출과 더불어 진격을 하면서 해를 등지고 적과 싸우는 장면이 유독 인상에 깊게 남았다. 해가 동쪽에서 뜬다는 자연현상을 이용해서 가장 유리한 위치에서 공격을 하는 전략이다. 그런데 한국어 자막에는 약간의 오류가 있다.

"오늘은 위대한 전투와 위대한 승리의 날이다."

"해 뜨기 전에 적을 궤멸시켜라!"

해 뜨기 전에 적을 궤멸시키는 말이 아니다! 해가 뜨는 동시에 적을 궤멸시키라는 뜻이다. 자연지형을 이용하는 전술은 매우 고전적이다. 영화 〈반지의 제왕: 두 개의 탑〉에서도 일출을 이용하는 전술이 나온다. 헬름협곡의 전투장면이다.

"5일째 아침 나를 기다리게. 해 뜰 무렵 동쪽을 바라보게."

마법사 간달프의 말을 기억한 후, 아라곤이 동쪽을 바라보자 에오메르가 이끄는 지원군이 산 정상에서 내려다보고 있었다. 성을 향해서 진격하자, 적군들은 일출을 정면으로 바라보다가 갑자기 눈이 부셔서 속수무책으로 당하고 만다. 상대적인 위치를 이용하는 전략은 고대 전투에서뿐 아니라 현대의 협상 테이블에서도 활용된다.


독일 브레멘에서의 풍력발전소 투자협상에서 생긴 일이다. 축구선수 이동국이 뛰던 독일 팀이 바로 분데스리가 베르더 브레멘이다. 독일 형제작가 그림형제의 동화 《브레멘 음악대》의 배경이 된 곳이기도 하다. 브레멘은 독일에서 두 번째로 큰 항구도시이다. 현지인들 말로는 독일에서 가장 아름다운 도시라고 한다. 조선업, 수산물 가공업이 발달했고 모든 산업이 수산업과 관련되어 있다. 중세 이후 한자(Hansa) 동맹의 일원으로서 북해상권의 중심지로 통했다. 당시 독일 정부는 일본의 후쿠시마 원전사고 이후에 탈핵화 정책에 박차를 가하기 시작했고, 대체에너지 개발에 총력을 기울이고 있었다. 그 일환으로 북해연안에 대규모 풍력단지 건설 프로젝트를 시행했는데, 2008년 부산저축은행은 독일 풍력발전 프로젝트 파이낸싱(PF) 사업에 1,300억 원을 투자했지만 회수하지 못하는 기술적인 문제가 발생했다. 우리는 부산저축은행 사태가 터지면서 소유지분을 매각해 투자금을 회수하기 위한 협상을 맡았다.

브레멘 시내 호텔 2층 회의실에 미리 도착해서 협상을 준비하기로 했다. 회의실에 들어서니 정면 전면 유리창을 통해서 아침햇살이 따사롭게 비치고 있었다. 협상 테이블은 출입구를 등지고 좌우로 길게 늘어져 있었는데, 1층 로비에서 대기 중인 독일 협상팀은 약 10여 명, 우리 팀은 달랑 3명이었다. 한 좌석씩 띄어 앉아도 숫자상으로 매우 불리해 보일 터였다. 협상은 머리싸움인 동시에 때로 머릿수 싸움이기도 하다. 좌석 배치를 놓고 긴급회의에 들어갔다. 잠시 후, 중재 역할을 담당하는 독일 변호사 2명이 들어왔다. 우리가 고민을 털어놓자 그들은 선뜻 이렇게 답했다.

"해를 등지고 협상하시죠!"

그렇다! 〈반지의 제왕: 왕의 귀환〉 전투장면처럼 해를 등지고 공격하면 훨씬 유리하게 협상을 이끌어갈 수 있다. 수적인 불리함을 심리적 효과로 극복할 수 있기 때문이다. 해를 등지고 협상을 하면 상대방은 눈이 부셔서 우리를 잘 볼 수 없을 것이고, 수적인 열세도 그다지 눈에 띄지 않을 것이다. 이처럼 전투 또는 협상은 어떤 위치에서 시작하는가가 상당히 중요하다. 영어로는 포지션(position)이다. 포지션이라는 단어에는 '위치'뿐만 아니라 '입장(태도)'이라는 뜻도 있다. 위치가 바뀌면 협상전략도 바뀐다.

### 서면합의서가 있다니까요 | 강경한 협상가와 유연한 협상가

통상협상가들 사이에서 《Yes를 이끌어내는 협상법》은 필독서이다. 이 책에서 저자 로저 피셔(Roger fisher)는 '위치에 따른 협상(Positional Bargaining)'이라는 표현을 사용하는데, 이는 협상에서 매우 중요한 개념이다. 우선 저자는 협상가를 두 종류로 구분한다. 강경한 협상가(Hard Player)와 유연한 협상가(Soft Player)다. 강경한 협상가는 일명 나쁜 남자(bad guy)로 모든 협상을 이기려는 성향이 강한 사람이다. 극단적인 입장을 자주 취하며 오래 버티면 버틸수록 유리하다고 생각한다. 이들이 사용하는 방법은 마치 북한의 '벼랑 끝 전술'과 비슷하다. 반대로 유연한 협상가는 착한 남자(good guy)로 상대편 입장을 반영하는 절충안을 만드는 데 주력한다.

강경한 협상전략을 사용하면 자신의 본래 의견을 관철시킬 수 있기 때문에 좋지 않느냐고 생각할 수 있지만, 사실은 그렇지 않다.

이 협상전략에는 문제가 있다. 너무 강하면 부러질 수 있기 때문이다. 나도 강경전략을 사용하고 상대방도 강경노선을 취하는 경우, 협상은 난항을 겪을 수밖에 없다. 대립된 의견이 평행선을 그리는 상황이 오래 지속되면 협상 자체가 결렬될 가능성도 높아진다. 또한 강경노선을 취하다 보면 자신이 가진 모든 협상카드를 소진할 수 있다. 앞서 말했듯이 협상에서는 언제든 입장 변화가 생길 수 있는데, 모든 카드를 미리 다 써버리면 전략적인 손실을 볼 수 있다. 그러나 뭐니 뭐니 해도 강경전략의 가장 큰 문제점은 상대방과의 관계를 손상시킬 수 있다는 점이다. 상대방과 더 이상 거래할 일이 없다면 모르지만, 대부분의 경우에서는 그렇지가 않다. 같은 업종에 종사하는 경우, 생각보다 관련 업계는 좁고 입소문도 빠르다. 밤 말은 쥐가 듣고 낮말은 새가 듣는다는 것을 잊어서는 안 된다. 지금 이 순간 고집을 부려서 하나도 잃지 않고 원하는 것을 얻을 수만 있다면야 무슨 문제가 있겠는가. 하지만 우리는 오늘 하루만 사는 사람이 아니고, 세상은 내일도 지속된다.

다시 협상 장면으로 되돌아가보자. 강경한 협상가와 유연한 협상가가 만난다면 과연 누가 이길까? 일반적으로 상호간에 협상의 타결의지가 강하면 강경한 협상가에게 유리할 수 있다. 협상결렬이라는 배수진을 친 후, 유연한 협상가에게 압박을 가하면 유연한 협상가로서는 별다른 대안이 없기 때문이다. 문제는 얼마나 많은 손해를 감수해야 하는가이다. 강경한 협상가도 항상 이기지는 못한다.

협상은 연속적인 흥정과정이기 때문이다. 특정한 시점에서의 단편적인 승리에 일희일비하는 것은 바람직하지 않다. 오히려 강경한 입장을 취했던 것이 나중에는 불리하게 작용할 수 있다. 자신이 던진 강경한 전략이 부메랑으로 돌아와 더 큰 손실을 유발할 수도 있기 때문이다.

이에 대한 예를 하나 들어보겠다. 옆집과 정화조 사용료 분쟁으로 시청 하수도과에 찾아간 적이 있다. 옆집에서 사용료를 전혀 내지 않고 정화조를 사용한 것이 문제의 발단이었다. 몇 번이나 좋은 말로 이야기를 했지만 옆집은 모르쇠로 일관했다. 참다못해 시청 하수도과에 연락을 취했다.

"옆집에서 불법적으로 저희 집 정화조를 사용하고 있습니다. 연결 파이프를 끊어도 될까요?"

필자로서는 합당한 제안이라고 생각했는데, 시청 하수도과 직원의 태도는 뜻밖에도 강경했다. 그는 한마디로 딱 잘라 말했다.

"절대 안 됩니다!"

"왜죠?"

"정화조 사용을 허용하는 서면합의서가 있기 때문입니다."

"네에? 금시초문인데요!"

"저희가 가지고 있다니까요!"

"아무리 합의서가 있어도, 용량 또는 용도 변경 시에는 파이프를 끊어도 되는 것 아닌가요?"

"법적으로는 어떻게 하실 수 없습니다. 합의서 내용을 준수하셔야만 합니다."

상대편이 그렇게나 확신에 찬 어조로 이야기를 하기에 한 발 물러설 수밖에 없었다. 하지만 전화를 끊고 나서 아무리 생각을 해보아도 납득을 할 수가 없었다. 이건 정말 아니다 싶어서 다시 전화를 걸었다. 구체적인 사항을 먼저 확인해보기로 마음먹었다.

"제가 지금 당장 시청으로 가겠습니다."

"네. 알겠습니다."

"말씀하셨던 서면합의서 내용을 제 눈으로 직접 확인하고 싶습니다. 서명자와 서명일자도 확인해주시길 바랍니다."

잠시 후, 시청 하수도과에 도착하자 분위기가 심상치 않았다. 여직원이 다가와서 어떻게 알았는지 필자가 좋아하는 '돼지바'까지 건네줬다. 그때까지만 해도 '오후 간식시간인가 보구나!' 하고 대수롭지 않게 생각했다. 예전에 정보통신부에 파견근무를 할 당시에도 늦은 오후에 종종 떡볶이와 순대를 배달시켜 먹던 추억이 떠올랐다. 그렇게 아이스크림을 즐기고 있는데 잠시 후, 담당직원이 합의서로 보이는 서류 한 장을 들고 테이블로 다가왔다.

"아까 제가 말씀드린 것과 다른 점이 발견됐습니다."

"뭔가요?"

"자료를 확인해본 결과, 합의서를 찾을 수가 없었습니다."

"뭐라고요? 아까 있다고 하셔서 여기까지 힘들게 온 건데요."

"죄송합니다. 제가 담당한 지 한 달밖에 안 돼서 잘 몰랐습니다."

순간 어떻게 사태를 수습해야 할지 고민에 빠졌다. 자책골로 코너에 몰린 담당 공무원은 여러 가지 이야기를 횡설수설 늘어놓았다. 그러더니 전임자가 작년에 작성한 '건축물 용도변경 허가서'를 보여주면서 변명하기 시작했다. 자기 실수를 합리화하려는 태도였다.

"아까 전화를 주셨을 땐, 모든 구비서류가 첨부된 줄 알았는데요."

"그런데요?"

"서류를 찾아보니깐 합의를 했다는 내용만 기재되어 있고 합의서는 없었습니다."

"어떻게 그런 일이 있을 수 있죠?"

"저는 전임자가 작성한 문서만 믿고 처리했습니다."

"그 문서에도 문제가 있습니다."

"무슨 문제죠?"

"일방적인 주장만을 적어놓은 것이잖아요. 이해당사자인 저희 집에는 확인전화 한 통도 없이 말입니다."

"아…… 그러게요……(말을 잘 잇지 못함)."

"그럼, 합의서가 없으니 파이프 끊는 데에는 법적인 하자가 없는 거죠?"

담당 공무원은 몇 초간 머뭇거렸다. 머릿속에 여러 가지 생각이 떠오르기 시작했다. 이미 업무공정성 시비에 휘말린 시청 직원과 얼마나 건설적인 대화를 할 수 있을까? 순간 더 부드럽게 접근해야겠다는 생각이 들었다. 굳이 불필요한 마찰을 일으킬 필요가 없었다. 좋은 게 좋은 것이다.

"오늘은 문제를 제기하러 온 것이 아닙니다."

우선은 담당자를 안심시켰다. 민원을 넣을까도 생각해봤지만 이미 엎질러진 물이었다. 수습 단계에서 너무 복잡한 건 좋지 않다는 생각이 들었다. '그냥 이쯤에서 조용히 정리하자.' 그런데 필자가 이렇게 조용히 수습을 하려는 가운데서도 담당 공무원은 계속 자신의 입장만을 고수했다.

"이웃끼리 굳이 인상 쓸 필요가 없지 않을까요? 거기 사시는 분들도 계시고……."

"20여 년간 남의 집 정화조를 무상으로 이용한 사람들과 어떤 협의가 가능한가요?"

"사용료를 받으시면 안 될까요?"

"사용료를 얼마나 낼 건지 알려달라고 했더니만, 전화도 안 받습니다."

"……."

"아무리 이웃끼리라도 이건 너무한 거 아닌가요!"

며칠 후, 옆집은 정화조 공사를 시작했다. 20여 년 전 건물을 짓고 처음 하는 공사였다. 놀라운 사실은 시청 직원 1명이 하루 종일 현장감독을 했다는 것이다. 예상치 않은 일이었다. 아마도 지난번 필자의 시청 방문에서 많은 것을 느꼈기 때문이 아니었을까?

시청 공무원처럼 강경한 입장을 취하는 경우, 상황에 따라 자기 자신이 불리해질 수 있다. 그렇기 때문에 자신의 입장과 주장에 아무리 확신이 있고, 자신의 의견을 관철시킬 자신이 있다고 해도 앞뒤 재지 않고 지르고 보는 방식은 매우 위험하다. 자신이 힘껏 던진 부메랑을 맞으면 치명상을 입을 수 있기 때문이다.

강경한 주장을 할 때는 '그 근거가 얼마나 견고한가'가 관건이 된다. 강경한 주장의 근거가 흔들리면 무방비 상태에 놓일 수 있다. 시청 공무원은 제1라운드에서 서면합의서를 근거로 강경한 입장을 취했다. '무조건 안 됩니다! 법적 책임을 지셔야 합니다' 등의 반 협박성 멘트까지 곁들였다. 그런데 제2라운드에서는 사뭇 달랐다. 초반에 주장의 근거가 됐던 서면합의서가 애초에 존재하지 않았기 때문이다. 주장의 근거 자체가 없어진 셈이다. 첫 번째 라운드에서 강경한 입장을 취한 공무원은 자신이 던진 부메랑에 뒤통수를 맞은 꼴이 됐다. 자기주장의 일관성을 유지하자니 협상에서 질 수밖에 없는 딜레마에 빠진 것이다. 첫 번째 라운드의 승리가 오히려 두 번째 라운드에서는 짐이 되었다. 별다른 대응도 없이 제2라운드는 싱겁게 끝났다.

강경파의 경우, 상대방도 '벼랑 끝 전술'을 구사하도록 만들 수 있다. 이럴 경우, 초반 라운드에서의 승리는 더 큰 부담이 될 수 있다. 왜냐하면 두 번째 라운드에서 잃을 것이 더 많아지기 때문이다. 정화조 사용료 협상에서 시청 공무원이 거둔 제1라운드의 승리가 결국 제2라운드에서 불리하게 작용한 것 역시 바로 그 이유 때문이다. 제1라운드에서는 주민갈등이 쟁점이었지만, 제2라운드에서는 담당 공무원에 대한 민원제기 여부가 쟁점이다. 이렇듯 지나치게 강경노선을 고수하면 자신의 협상카드를 미리 다 써버리는 전략적 실수를 범하기 쉽다.

## 수리비 먼저 환불해주세요 | 상대방의 근거를 역이용하라

유연한 협상가가 강경한 협상가에게 효과적으로 대응하기 위해서는 설득력이 필요하다. 여기서 설득력이란 '논리적인' 설득력을 의미한다. 이때는 강경한 협상가의 주요 근거를 역으로 이용하는 방법이 효과적이다.

휴대전화 A/S센터에서 생긴 일이다. 휴대전화가 침수되어서 고장이 났다. A/S센터를 찾아 직원에서 침수 수리를 무상으로 해줄 수 있느냐고 정중히 물었다.

"침수는 안 됩니다. 4만 원 내세요."

A/S센터 직원의 대답은 매몰찼다. 이렇게 너무 강경하게 나온다면 전략 수정이 불가피하다. 필자 역시 강경책으로 전환했다. 최근

방송된 한 소비자고발 프로그램 이야기로 운을 뗐다.

"지난주에 소비자 고발 프로그램을 봤는데요. 무상수리를 해주시면 안 될까요?"

"그 TV 프로그램은 터치패드 무상교체만을 다룹니다. 침수는 포함되지 않습니다."

그는 방송 내용을 정확히 알고 있었다. 이미 대응교육을 충분히 받은 것일까? 직원의 말이 맞다. 방송에 따르면 터치패드만 무상으로 교체해주기로 했다. 찔러보기 작전은 실패했으니, 이제 남은 카드는 단 한 장뿐이다. 총공격이다.

"모니터에 제 A/S 내역이 다 나오죠?"

"네. 고객님."

"3주 전 터치패드 교체 건도 나옵니까?"

"네. 그렇습니다."

"그때 얼마를 지불했죠?"

"6만 원입니다."

"제가 지불했던 터치패드 교체비를 환불해주세요. 그러면 침수 수리비 4만 원을 지불하죠."

"네에? 글쎄요⋯⋯(주춤거림)."

"(손가락으로 2층을 가리키며) 매니저에게 그대로 전해주세요."

잠시 후, 직원이 굳은 표정으로 자리로 돌아왔다.

"무상수리 해드리겠습니다."

드디어 협상에서 승리했다. A/S센터 직원의 논리적 허점을 공략한 것이 승리의 비결이다. 터치패드 무상수리 혜택은 보통 기간을 설정해놓고 그간에만 해주지만, 이번에는 횟수를 연장해주는 것이었다. TV 방송 후, 휴대전화 제조사가 A/S 무상수리 기간이 경과된 후에도 터치패드 무상수리를 한 번 더 해주기로 한 것이다.

A/S센터 직원은 강경한 협상가의 약점을 드러냈다. 자기주장의 근거에 지나치게 의존해서, 그것이 흔들렸을 때 무방비 상태에 놓인 것이다. 이런 최악의 사태를 막기 위해서는 탄력적인 접근방식이 효과적이다. 너무 강하면 부러지기 마련이다. 시작은 부드럽게 해야 한다. 무하마드 알리(Muhammad Ali)의 명언처럼 나비처럼 날아서 벌처럼 쏴라. 우선 부드럽게 접근하고 필요할 때에만 강하게 밀어붙이면 된다. 협상에서도 선택과 집중이 중요하다. 협상이 진전되면 사안별로 강온 수위를 나누어 협상에 임하는 것이 전략적으로 유리하다.

## 제가 조금 더 잘 생기지 않았나요? | 협상은 소통

과연 오래된 친구는 다 좋은 것일까? 전직 미국 무역대표부 협상 전문가가 한국을 방문한다는 소식을 들었다. 직장 선배가 그 미국 친구에게 어떤 선물을 하면 좋을지를 물었다. 개인적인 목적으로 한국을 방문하는 것인데, 저녁식사를 같이하기로 했다고 한다. 처음엔 잘 이해가 되질 않았다. 아무리 전직 직원이라지만 개별적으로 만나는 것은 적절치 않다는 생각이 들었다. 행정고시 제도를 운영하는 한국과 달리 미국은 '회전문 인사'가 워낙 많아서 언제 다시 미국 무역대표부 등의 고위 통상직으로 복귀할지 알 수 없기 때문이다. 조심스럽게 선배에게 물었다.

"선배님, 아무리 생각해도 이해가 잘 안 됩니다."

"뭐가?"

"아무리 '오래된 친구'가 좋다고 해도 미국 무역대표부 출신 친구랑 개인적으로 만나는 것은 조금 부적절한 것 아닌가요?"

"아하! 이건 별것도 아니야!"

"왜죠?"

"안 박사는 협상이 뭐라고 생각하나?"

"서로 보다 많은 것을 얻기 위한 과정이 아닐까요?"

"협상은 소통이지. 서로간의 신뢰를 바탕으로 하는 거야. 개인적인 신뢰가 협상타결 과정에 큰 도움이 될 수 있어."

흔히 사람들은 협상 테이블 맞은편에 앉아 있는 상대방을 적으로 생각하기 쉽다. 하지만 그들 사이에도 신뢰는 있고, 이 신뢰는 원만한 협상의 실마리가 되기도 한다. 또한 협상단 간의 신뢰는 친근감에서 시작되기도 한다.


싱가포르와의 FTA 협상에 처음 들어갔을 때 생긴 일이다. 싱가포르 대표단은 우리 측 협상단이 3개월마다 바뀐다고 불만을 토로

하고 있었다. 필자는 우선 싱가포르 협상단과 친해지기로 마음먹었다. 협상 중 잠시 휴식을 가질 때였다. 다른 팀원들이 다 나간 후, 제일 친한 싱가포르 협상가 마크에게 말했다.

"휴~! 요즘 저희 팀 내부갈등이 말도 아닙니다."

"(귀를 쫑긋 세우며) 도대체 무슨 일이죠?"

"사실은 특정한 이슈에 대해서 내부합의가 도대체 이루어지지를 않아서요."

"(더 가까이 귀를 대면서) 무척 궁금해지네요."

"저희 팀뿐만 아니라 한국 협상단 차원에서도 의견일치가 어렵습니다."

"대단히 중대한 사안인가 보군요."

"네. 당신과 당신 동료 중 누가 더 잘생겼는지 인기투표를 했는데 말이죠. 의견이 하도 팽팽해서 도대체가 결정을 내릴 수가 없네요."

"(깜짝 놀라며) 네에? 제가 조금 낫지 않나요? 하하하!"

재치 있는 농담 한마디로 회의실 분위기가 화기애애해졌다. 그 이후 협상 자체가 매우 부드럽게 진행되었고 실무적으로도 많은 진전을 볼 수 있었다. 서로에 대한 호감, 신뢰 등을 바탕으로 한 대화는 매우 효과적이다. 서로 상대방의 입장에서 이해하려고 조금씩 노력을 하기 때문이다. 적대적 관계로 협상을 하는 것과 우호적 관계를 맺은 후 협상을 진행하는 것은 수월함과 효율 측면에서 하늘과 땅만큼 차이가 난다.

그로부터 2개월 후, 태국 방콕에서 싱가포르 협상팀과 다시 만났다. 지난번과는 달리 협상타결이 임박하자 싱가포르 정부는 WTO 전담팀에 있던 협상 전문가를 팀장으로 급파했다. 영국 옥스퍼드대학 출신인 팀장은 영국식 발음을 강하게 쓰면서 처음부터 매우 깐깐하게 나왔다. 자신이 원하는 방향으로 협상을 빨리 끝내려고 혼자 고군분투하는 게 눈에 훤히 보였다. '이건 이렇게 저건 저렇게' 하면서 계속해서 자기주장만을 설파했다. 덕분에 화기애애하던 지난 협상 라운드와는 달리 가시밭길 같은 라운드가 펼쳐졌다. 이틀째 협상이 끝난 후, 야심한 밤에 누군가 호텔방 문을 두드렸다. 문을 여는 순간 깜짝 놀랐다. 눈앞에 마크가 있었다.

"밤늦게 웬일인가요?"

"개인적으로 요청할 사항이 있어서요. 혹시 내일 마지막 협상에서 A사항에 대해 저희 측 입장을 수용할 순 없으신가요?"

아닌 밤중의 홍두깨가 이럴까? 야심한 밤에 불쑥 찾아온 마크는 제발 도와달라고 부탁했다. 새로운 상사가 워낙 막무가내라서 설득할 수가 없다고 하소연을 했다. 이런 식으로 계속 가다가는 별다른 성과 없이 방콕 라운드가 끝날 것이고, 자신의 근무평가에도 안 좋은 영향을 줄 것이라고 고민을 털어놓았다. 지난 협상에서 필자는 그에게 필자의 고민을 털어놓은 바 있었다. 그러자 이번에는 마크가 자신의 고민을 털어놓은 것이다. 마크는 조만간 공직을 떠나 민간 기업으로 이직할 준비를 하고 있다고 덧붙였다.

"내일 잘 끝내고 같이 발 마사지 받으러 가시죠! 제가 잘 아는 곳이 있어요."

"마크, 너무 걱정 마세요. 최선을 다해볼게요."

직장 선배의 조언처럼 협상가 사이의 인간적인 유대관계는 상당히 중요했다. 결정적인 순간에 큰 힘을 발휘할 수 있기 때문이다.

태국 방콕에서 두 번째 협상이 시작됐다. 첫날 협상의 부진을 덜기 위해서 양측은 협상에 더욱 열심히 임했다. 특히 옥스퍼드 출신 팀장은 오늘은 반드시 자신의 주장을 관철시키겠다는 결의에 찬 눈빛을 보였다. 잠시 후, 전날 쟁점이 됐던 A사항을 재논의했다.

"A사항은 절대로 양보할 수 없습니다."

예상대로 싱가포르 팀장은 강경한 자세를 취했다. 협상 테이블의 분위기는 급속도로 냉각되었다. 잠시 동안 어느 누구도 말을 하지 않았다. 테이블 건너편에 앉아 있던 마크는 뭔가를 나에게 계속 눈으로 말하는 듯했다. SOS! 사실 A사항은 우리 측에게는 그리 중요하지 않았다. 협상의 우선순위에 들어가진 않지만, 협상의 레버리지로 사용하고 있던 사안이었다. 협상이 마무리될 때, 우리에게 중요한 것을 받아오기 위해 아껴두고 있던 협상카드였던 것이다. 그 사실을 싱가포르 팀도 잘 파악하고 있는 듯했다. 하지만 아무리 그렇다고 해도 그냥 다 줄 수는 없었다.

"A사항과 B사항을 모두 포함시키는 건 어떤가요?"

우리 측의 우선순위에 들어갔던 B카드를 내놓았다. 사실 A와 B는 별로 관계가 없다. A 또는 B의 포함 여부는 다른 사항에 전혀 영향을 주지 않는 독립적인 것들이었다. 우리로서는 전략을 미리 노출시키는 위험부담을 지는 제안이었다. 바로 그때 마크가 큰 소리로 외쳤다.

"아주 좋은 제안입니다. 저희 측도 동의할 수 있습니다."

순간적인 마크의 월권(!)행위로 싱가포르 팀장은 당황한 듯했다. 팀장은 잠시 호텔 창밖을 내다보며 고심했다. 그런데 나온 답은 의외로 명쾌했다.

"저희 측도 수용할 수 있습니다."

사실 싱가포르 측에 B사항은 별로 중요하지 않았다. 그쪽도 우리처럼 마지막 협상카드로 아껴두고 있었을 뿐이다. 서로 상대방의 협상전략을 어느 정도 파악하고 있는 상황에서 일종의 '자존심' 대결 양상으로 흘러갔던 것이다. 협상이 자존심 싸움으로 변질될 경우, 타결은 상당히 어려워진다. 이럴 때는 피해를 최소화하고 빨리 합리적인 대안을 만드는 것이 중요하다. 상대방도 동의할 수 있는 선에서 절충안을 만드는 능력이 필요한 것이다. 마크의 호텔 방 '깜짝 방문'으로 우리 측은 싱가포르 측에서 A사항을 매우 중요하게 생각한다는 사실을 확인했고, 우리 측도 우리에게 중요한 B사항과의 맞교환(!)을 제안하면서 전격 합의를 이룬 것이다. 국제협상에서는 자신의 속마음을 잘 드러내지 않는다. 협상이 어떻게 진행될지 모르기 때문에 가능하면 오랫동안 자신의 히든카드를 보유하고 싶어한다. 문제는 지나친 신비주의가 협상타결 자체를 어렵게 할 수 있다는 점이다.

친밀한 관계는 때로 타결과 결렬 사이에서 큰 역할을 하기도 한다. 상호간의 신뢰는 자신의 속마음을 살짝 보여주면서 시작되기도 한다. 협상이란 바로 '소통'이기 때문이다.

# 02

# 문화적 차이가 결과를 바꾼다

1장 서두에서 '소개팅 식사 에티켓' 설문결과에 대해 이야기했었다. 이 결과를 보고 있자니 과연 미국인들은 어떤 스타일을 비호감 1순위로 뽑을지 궁금해졌다. 인터넷으로 검색해보니, 우리나라와는 상당히 다른 결과가 나왔다.

'최악의 첫 데이트 톱 10(Top 10 Worst First Date No-Nos)'이라는 설문자료에 의하면 미국 남녀 모두 비호감 1순위로 데이트 도중에 휴대전화를 꺼내놓거나 문자를 보내는 사람을 꼽았다. 꼭 전화를 받지 않아도 테이블 위에 휴대전화를 그냥 올려놓는 것 자체를 상대방에 대한 가장 공격적인 행동으로 꼽은 것이다. 비호감 3위는 예전 이성 친구 이야기를 하는 것이었다. 남녀 참가자 모두 이를 똑같이 싫어한다고 답변했다. 특이한 점은 지나친 음주를 비호감 6위로 꼽았다는 점이다. 응답자 중 47퍼센트가 지나친 음주가 첫 데이트를 망쳤다고 말했다.

성별에 따라 다른 답도 나왔다. 여성의 경우, 데이트 비용을 나눠서 내도록 하는 남성을 비호감 7위로 꼽았다. 더치페이 문화가 정착된 미국에서도 첫 데이트 비용만큼은 전통적으로 남자가 지불하도록 되어 있기 때문이다. 남성의 경우는 결혼 이야기를 하는 여자를 매우 싫어했다.

분명 한미 데이트 문화의 차이점은 컸다. 두 자료가 정확히 양국의 데이트 문화를 비교하는 척도가 될 수는 없겠지만, 대략적인 차이점을 이해하는 데에는 도움이 될 것이다. 한국 남녀들은 식사 에티켓을 가장 중요하게 치는 반면 미국 남녀들은 구체적인 대화 내용에 보다 집중한다고 볼 수 있다. 다른 사이트를 검색해보아도 '음식 남기기' 또는 '쩝쩝 소리 내면서 먹기'와 같은 항목을 비호감 순위에서 찾아볼 수 없었다.

그렇다고 해서 미국인들이 에티켓을 전혀 보지 않는 것은 아니다. 고약한 입 냄새(11위), 팁 잘 안 주기(13위), 흡연(20위) 등이 10위권 대에 포진하고 있기 때문이다. 다만, 주안점을 두는 기준이 상당히 다르다는 사실을 알 수 있다. 데이트 절차나 형식이 아니라 내용에 보다 집중하는 것이다. 전 남친 또는 여친 이야기(3위), 직장 이야기(8위), 엄마 이야기(9위), 결혼 이야기(10위), 자기 이야기(16위) 등이다. 만약 한국과 미국의 남녀가 만나서 첫 번째 데이트를 한다면 어떤 결과가 나올지 자못 궁금하다. 이처럼 자신이 속한 문화는 모든 것의 판단기준이 된다. 그런데 문제는 자신이 속한 문화에서 생기는 선입견을 조심해야 한다는 사실이다. 문화에 따른 차이점은 옳다 혹은 그르다고 딱 잘라 이야기할 수 없다. 틀린 게 아니라 그저 다를 뿐이다. 그런데 자신이 알고 있는 것만이 상식이라고 생각하면 상대방과 제대로 된 협상을 할 수가 없다. 잘못된 선입견은 협상에도 큰 차질을 유발할 수 있다.

## 〔 선입견을 버려라 〕

**이제야 미스터리가 풀렸군요** | 약간의 손해는 성공과 동의어

어느 날 직장 선배와 협상의 성공조건에 대해서 이야기를 나누고 있었다.

"안 박사, 성공적인 협상이 뭐라고 생각해?"

"글쎄요. 우리가 원하는 모든 것을 다 얻는 경우 아닐까요?"

"그건 아닐세."

"왜죠?"

"협상에서 일방적으로 한쪽이 다 얻으면 타결 자체가 어려워지는 경우가 많지."

"선배님, 그렇다면 성공의 판단기준은 뭔가요?"

"양측이 모두 조금씩 손해 봤다고 느낄 때가 가장 성공적인 협상이지."

"양측이 각자의 플랜 B를 성취하는 경우를 말씀하시는 건가요?"

"플랜 B가 협상타결을 위한 최소의 조건이라면 그렇다고 볼 수도 있겠지."

"기대보다 많은 것을 얻지 못한다면 결국 손해를 본 거 아닌가요?"

"꼭 그런 건 아니지. 협상은 타결 자체에 더 큰 의미가 있다고 봐야 해."

직장 선배와 나눈 문답의 심오한 진리를 그때는 제대로 이해하지 못했다. 특히 조금 손해를 보았다는 느낌이 들 때가 성공한 협상이라는 부분은 마음에 잘 와 닿지 않았다. 그 궁금증을 푸는 데에는 몇 년의 세월이 걸렸다.

2012년 여름 '오래된 친구' 1명이 싱가포르에서 서울을 방문했다. 지난 2006년 체결된 한-싱가포르 FTA 협상 당시 싱가포르 협상팀에 참석했던 친구다. 서로 담당 분야가 달라서 직접 협상 테이블에서 대면한 적은 없었지만, 수차례 반복된 협상라운드 덕분에 안면이 꽤 있던 상태였다. 사실 처음 연락이 왔을 때는 의아스럽기도 하고 약간 놀라기도 했다. 같이 협상을 하거나 식사를 한 적이 한 번도 없었기 때문이다.

싱가포르에서 '라오펑요우(老朋友, 오랜 친구)'가 찾아온다는 소식에 즐거운 마음으로 강남의 전통 한식점으로 향했다. 당황스러운 마음과 별도로 몇 년 만에 만나서 무척 반가운 마음도 들었다. 그는 FTA 후속상황 점검회의에 참석하기 위해 출장을 왔다고 했다. 벌써 6년 전 일이라서 새로운 느낌마저 들었다. 서로 상대 팀에서 함께 일하던 사람들의 안부를 묻다가 마크 이야기도 나왔다. 여러 가지 재미있었던 해프닝을 이야기하다가 인기투표 이야기도 슬쩍 해줬다. 그러자 갑자기 싱가포르 친구가 고개를 끄덕였다. 뭔가 오랜 고민이 풀린 듯 보였다.

"지난 6년간 궁금했던 미스터리가 방금 풀린 것 같군요."

"그게 뭔데요?"

"왜 우리 통신서비스팀이 협상에서 손해를 그렇게 많이 봤나 하는 것 말이지요. 하하하!"

손해를 봤다는 이야기를 들으니 예전 직장 선배의 말이 떠올랐다. 개인적으로 한-싱가포르 FTA 협상 결과는 약간 아쉬움이 남았기 때문이다. '조금 더 많은 것을 얻어 올 수 있었는데 아쉽다'고 혼자 판단하고 있었다. 그런데 상대편에서도 나와 비슷한 평가를 내렸다는 점이 특이했다. 빙고! 서로 약간씩 손해를 봤다고 생각할 때가 가장 이상적인 결과에 가깝다던 직장 선배의 말이 맞는 듯했다. 모든 것을 다 얻어야 성공한 협상이라는 고정관념의 틀에서 벗어나야 한다. 우리는 너무나 많은 고정관념에 휩싸여 있다. 그 틀을 벗어나야 협상을 성공적으로 이끌 수 있음을 잊지 말아야 한다.

## 여보, 이 청바지 어때요? | 문화는 힘이 세다

"축구선수 호날두가 여자 가방을 들었다?"

인터넷을 떠들썩하게 했던 사진 한 장이 있다. 스페인 레알 마드리드 주전 공격수인 크리스티아누 호날두(Cristiano Ronaldo) 선수가 여성들이 주로 사용하는 브랜드의 핸드백을 왼쪽 겨드랑이 사이에 끼고 거리를 활보하는 모습이 파파라치의 카메라에 잡힌 사진이었다. 포르투갈 대표 팀 주전선수이자, 신장 186.5센티미터의 건장한 그는 왜 조그만 가방을 좋아하는 것일까?

호날두 선수의 명품 핸드백에 대한 극진한 사랑은 이미 유명하다. 포르투갈어 또는 스페인어로 만들어진 인터넷쇼핑 사이트에서는 호날두가 애용하는 명품 핸드백을 쉽게 구입할 수 있을 정도다. 일부 언론에서는 그가 명품 구찌 핸드백을 좋아하니 할리우드의 패리스 힐튼(Paris Hilton)도 그를 좋아하지 않을까 하는 억지주장을 내놓기도 했다. 그런데 그의 이런 행동은 이해하기가 쉽지 않다. 여자 친구 또는 부인의 손가방을 자연스럽게 들어주는 한국 문화권에서도 선뜻 받아들이기 어렵다. 모든 명사에 성별을 부여하는 라틴어 문화권에서는 더욱 그렇다. 예를 들면, 우리에게는 다소 생소하지만 스페인 문화권에서는 성별의 구분이 매우 엄격하다.

"Te quiero!"

"What?"

"Te quiero?"

"Oh, No! I shouldn't use the word!"

미국에서 만난 멕시코 출신 친구와 이야기를 하던 중에 혼줄 난 적이 있다. 스페인 출신 가수 엔리케 이글레시아스(Enrique Iglesias)의 히트곡 바일라모스(Bailamos, 춤추실까요)의 가사를 혼자 흥얼거리고 있었다. 그런데 멕시코 친구 말로는 스페인어 Te Quiro는 영어 I love you와 약간 다르다는 것이다. 영어의 I Love You는 이성뿐만 아니라 동성끼리도 제한적으로 사용되지만, 스페인어의 Te Quiro로 이성간에만 사용된다고 했다. 스페인어 히트곡 가사를 읊조리다가 얼떨결에 큰 오해를 살 뻔했다. 이처럼 스페인어에서는 단어의 성별 구분이 매우 중요하다.

성별의 구별은 쇼핑 패턴에서도 나타난다. 국내에서 남녀 커플이 같이 쇼핑하는 경우, 상대방이 옷을 고를 때 직접 골라주는 경우가 많다. 오히려 지적(!)을 잘해주는 사람이 배려 깊은 상대로 추앙받기까지 한다. 그런데 이는 미국에서는 흔한 일이 아니다. 실제 미국 시카고에 있는 한 쇼핑몰에서 생긴 일이다. 한국인 커플이 여성 캐주얼 매장에서 신상품을 구경하고 있었다. 남성의류, 여성의류, 아동복 등이 같이 모여 있는 복합매장이었다. 한인 여성이 여성복 코너에서 마음에 드는 청바지를 찾은 듯 탈의실로 향했다. 잠시 후, 밖에서 기다리는 남성을 큰 소리로 불렀다.

"여보, 이 청바지 어때요?"

"글쎄. 조금 불편해 보이는데……."

한인 부부의 일상적인 대화가 옆에 서 있던 백인 여성에게는 문화충격으로 다가갈 수 있다. 한국말을 전혀 이해하지는 못했지만, 한국인 커플이 옷에 대해서 이야기한다는 사실을 짐작한 듯했다. 그녀는 상당히 불편한 표정을 짓기 시작했다. 부인의 호출이 잦아지자 남편은 아예 여성 탈의실 출입구 바로 앞에서 대기했다. '오 마이 갓!' 바로 옆 탈의실에서 나온 백인 여성은 얼굴을 붉히면서 황급히 매장을 떠났다. 불편해서 더 이상 쇼핑할 기분이 아닌 것 같았다.

문화란 알게 모르게 사람들에게 파고들어 일상의 작은 부분까지 영향을 미친다. 이 문화의 차이가 협상의 과정과 결과에도 많은 영향을 준다. 때로 똑같은 결과에 대해 완전히 다른 평가를 내릴 수도 있다. 한국 문화에서는 여성 탈의실 앞에서 열심히 조언하는 '배려 깊은' 남편이지만, 미국 문화에서는 다른 고객에 대한 '배려가 없는' 팔불출로 보일 것이다. 호날두의 명품 핸드백 사랑은 어쩌면 커밍아웃으로 오해를 살 수도 있다. 물론 그 파격적인 행동이 그를 유럽의 남성패션 아이콘으로 등극하게 도왔는지도 모르지만.

'호날두는 왜 여자 핸드백을 좋아하는가?'

사실 그 이유는 중요치 않다. 그가 속한 문화권에서 꺼리는 과감한 행동을 했다는 점이 중요하다. 그 과감성이 그를 더욱 돋보이게 했다는 것은 무시할 수 없는 사실이다. 자신의 문화를 거스르는 행동은 때로 과감성으로 인해 호감 요인으로 작용할 수 있지만, 상대편의 문화를 이해하지 못하고 제멋대로 행동해서는 일을 그르치기 십상이다. 특히나 협상에서는 더욱 그러하다.

싱가포르에서 온 '라오펑요우'는 식사 중에 충격적인 말을 했다. 이번 해외출장 중에 일본 동경에서도 정부 간 미팅을 했다고 했다. 그런데 미팅 중에 기분이 너무 상해서 그냥 나왔다는 말을 했다. 상당히 합리적인 성격을 가진 그 친구가 왜 감정적으로 행동했는지 무척 궁금해졌다. 문제가 된 건 이 한마디였다.

"왜 싱가포르 대표단에는 여성이 많은가요?"

국제통상 협상 테이블에서는 상상할 수 없는 '성차별' 발언이었다. 당시 일본 측 대표단에는 여성이 거의 없었다고 한다. 한마디로 여성 담당자와 업무를 진행하는 것이 불편하다는 속내를 드러낸 것이다. 그 친구는 한국과 싱가포르 FTA 협상에서 관련 팀 팀장이었는데, 우리 측에서는 그 누구도 그런 언급 내지는 상상조차 하지 않았다.

돌이켜보면 일본과의 FTA 협상 당시 팀장급에는 여성이 단 한 명도 없었던 것 같다. 반면 싱가포르 협상단은 절반 정도가 여성이었다. 라오펑요우의 말을 듣고 문화적 또는 사회적 평가기준이 협상에도 많은 영향을 줄 수 있다는 사실을 깨달았다. 협상의 본질적인 내용은 아니지만, 협상가 입장에서는 상대 측에서 자신을 어떻게 평가를 하는가도 협상 자체에 큰 변수가 될 수 있다. 따라서 서로 불필요한 발언은 피하는 것이 좋다. 그리고 문화적 차이를 무시해서는 안 된다. 당신이 딜브레이커가 아니라면 말이다.

## [ 자존심은 누구에게나 소중하다 ]

### 가격보다는 가치가 중요하다 | 주관적 기준과 객관적 기준

"웨이홍과 거래는 죽음을 의미한다."

영화 〈도둑들〉에서 홍콩 도둑 리더 '첸'이 한 말이다. 과거에 웨이홍과 가격흥정을 시도하던 동료 도둑이 총에 맞아 죽는 것을 두 눈으로 똑똑히 보았기 때문이다. 첸은 자신의 부하들에게 '마카오박 (김윤석)'은 웨이홍의 얼굴을 모른다고 주장한다. 그 자리에는 자신과 총에 맞아 죽은 다른 도둑밖에 없었기 때문이다. 바로 이것이 이 영화의 반전 포인트다. 웨이홍이 죽였던 도둑이 바로 마카오박의 아버지였고, 마카오박은 사건 당시 침대 밑에 숨어서 모든 것을 목격했다. 마카오박은 왜 웨이홍과의 협상을 시도했을까? 협상을 시도했던 모든 이들을 죽인다는 그에게서 무엇을 기대했을까? 바로 아버지의 복수였다.

미화 2천만 달러(약 300억 원)의 희귀 다이아몬드 '태양의 눈물'을 미끼로 마카오박은 웨이홍을 부산으로 끌어들인다. 자신의 다이아몬드를 찾겠다는 마음뿐인 웨이홍과 아버지의 복수를 하려는 마카오박과의 협상은 처음부터 타결을 위한 협상이 아니었다. 웨이홍과 마카오박은 모두 딜브레이커인 셈이다. 한쪽이 타결을 목적으로 하는 '딜메이커'였다고 해도 아마 쉽지 않았을 것이다. 웨이홍은 절대로 협상하지 않고 자신이 원하는 가격만을 제시하는 강경한 협상가이기 때문이다. 문제는 팔려고 하는 사람이 절대약자에 위치에 있다는 점이다. 어느 정도의 힘의 균형이 맞아야 의미 있는 협상이 가능한데, 힘의 균형이 크게 깨질 경우 협상타결 자체를 기대하기 어렵다.

영화 〈도둑들〉은 협상이론 관점에서 재미있는 교훈을 준다. 1장 서두에서 소개한 '소개팅 미스터리'처럼 협상은 항상 타결을 위해서 시작되지 않는다는 점이다. 양측이 서로 다른 목적으로 협상 테이블까지 나올 수는 있으나, 서로의 의견 차를 줄여서 절충안에 이르는 '딜메이킹' 과정은 상당히 어렵다. 마카오박의 입장에서 플랜 A는 아버지의 복수를 한 후, '태양의 눈물'을 파는 것이다. 도랑 치고 가재도 잡는 것이다. 플랜 B는 최소한 아버지의 복수를 하는 것이다. 웨이홍의 입장에서 플랜 A는 '태양의 눈물'을 되찾고 마카오박을 죽이는 것이고, 플랜 B는 다이아몬드를 되찾고 사례비를 약간 주는 것이다. 가격흥정을 싫어하는 그에게 흥정을 걸어오는 도둑은 오히려 반가운 존재일 수도 있다. 마침 울고 싶었는데 뺨을 때려주는 사람처럼. 웨이홍은 전형적인 강경한 협상가이다. 자신이 원하는 것을 다 얻으려고 하는 나쁜 남자다. 이의를 제기하면 모두 죽인다. 마카오박의 아버지처럼.

웨이홍은 협상 상대방인 마카오박이 진정으로 원하는 것이 무엇인지 몰랐다. 다른 좀도둑들처럼 돈을 원한다고 잘못 판단했다. 치명적인 실수였다. '태양의 눈물'만을 되찾으려고 혈안이 되어서, 다른 대응전략을 세우지도 않았다. 마카오박은 처음부터 협상을 하는 시늉만 하다가 탈출하려고 등산장비까지 철저히 준비했다. 등산가방 가득히 채운 절벽타기용 밧줄로 극적으로 탈출에 성공한다. 그 과정에 웨이홍은 중국경찰에 위치가 노출되고 총에 맞아 죽는다. 마카오박이 원하던 복수가 이루어진 것이다. 마카오박도 그 자리에서는 모든 것을 다 얻진 못했다. 마카오박은 플랜 A 중에서 아버지의 복수에는 성공했지만, '태양의 눈물'은 예니콜(전지현)의 손으로 넘어갔기 때문이다. 물론 나중에 예니콜에게서 되찾기는 하지만.

마카오박에게 가장 가치 있는 것은 복수였다. 다른 사람들 기준에서야 '태양의 눈물'을 택하는 것이 가장 합리적이고 이득이 된다고 생각하겠지만 마카오박에게는 그렇지 않았다. 이렇듯 협상에는 자신만의 주관적인 판단이 개입된다. 실리보다 명분이 더 중요할 때도 있는 법이다.

호날두의 구찌 핸드백 역시 마찬가지다. 그에게 그 핸드백은 가격보다 더 큰 가치가 있을 것이다. 어쩌면 자신만의 '패션의 완성'을 위한 가장 중요한 장신구로 여길지도 모른다. 만약 호날두가 1억 원짜리 명품 디자이너 핸드백을 밥 먹듯이 구입한다면 대부분의 남성들은 이를 선망하고 따라 하기보다 이해하기 어려워했을 것이다. 그 정도의 액수면 고급 승용차를 한 대 구입할 수 있기 때문이다. 그런데 정작 중요한 점은 호날두에게 그 핸드백의 주관적인 가치가 얼마인가이다. 자신에게 필수불가결한 패션 아이템이라면 아무리 비싸도 그 가격은 중요하지 않을 것이다. 주관적인 가치는 희망소비자가와는 다르다. 가격을 매길 수 없는 정서적인 가치인 경우는 더욱 그렇다. 협상에서도 감정 등의 주관적인 요소가 중요하다. 합리적인 전쟁터인 것 같은 협상 테이블에서도 감정이 섞이고 감정에 따라 결론이 내려지는 경우가 종종 생긴다.

"감정싸움처럼 변했어요."

같은 동네에 살던 한 후배가 찾아와 고민을 털어놓았다. 얼마 전 교통사고가 발생해서 과실 문제로 상대 측과 이견이 발생했다며 괴로워했다. 요즘 흔히 100퍼센트 과실은 없다고들 한다. 중앙선 침범이나 주행 중 뒤차와의 추돌사고 등 몇몇 예외를 제외하곤. 후배 보험사 측에서는 과실 비율을 9:1이라고 통보했다고 한다. 상대방이 넘어서는 안 되는 실선을 침범했기 때문에 분명한 가해자이고, 일반적인 끼어들기 공식인 7:3에 2점을 가산해 계산했다고 전했다.

"형, 그런데 전 9:1을 도저히 받아들일 수가 없어요!"

"왜? 9:1이면 사실상 완승 아닌가? 요즘엔 보험사끼리 자존심 때문에 100퍼센트는 서로 요구하지도 않는다던데."

"가해자의 자세가 마음에 안 들어서요. 자기가 내 차를 받아놓고서는 제가 자기 차를 받았다고 억지 주장까지 펼치더라고요."

후배와 헤어진 후 인터넷 검색을 해보았다. 우선 도로교통법을 찾아보니 끼어들기 위반은 범칙금이 단돈 3만 원이었다. 문제는 사고 당시에 경찰이 없었다는 사실이다. 양쪽 모두 블랙박스를 달지 않아서 확인이 쉽지 않았다. 물론 교차로에 설치된 경찰 CCTV를 확인하면 되겠지만, 그렇게 하려면 사고접수 절차를 밟아야 하는 번거로움이 생긴다. 그런데 '도로교통법'에서 갑자기 제162조가 눈에 확 들어왔다.

### 도로교통법 제162조(통칙)

① 이 장에서 "범칙행위"란 제156조 각 호 또는 제157조 각 호의 죄에 해당하는 위반행위를 말하며, 그 구체적인 범위는 대통령령으로 정한다.

② 이 장에서 **"범칙자"란 범칙행위를 한 사람**으로서 다음 각 호의 어느 하나에 해당하지 아니하는 사람을 말한다.

1. 범칙행위 당시 제92조제1항에 따른 운전면허증등 또는 이를 갈음하는 증명서를 제시하지 못하거나 경찰공무원의 운전자 신원 및 운전면허 확인을 위한 질문에 응하지 아니한 운전자

2. **범칙행위로 교통사고를 일으킨 사람.** 다만, 「교통사고처리 특례법」 제3조 제2항 및 제4조에 따라 업무상과실치상죄·중과실치상죄 또는 이 법 제151조 의 죄에 대한 벌을 받지 아니하게 된 사람은 제외한다.

'범칙행위로 교통사고를 일으킨 사람'이라면, 끼어들기로 교통사고를 일으킬 경우에는 일반법인 '도로교통법' 대신 특별법인 '교통사고처리특례법'이 적용되어 가중처벌이 되는 것이다. 끼어들기는 중앙선 침범, 음주운전 등과 함께 '11대 중과실 사고' 유형의 하나로 최대 5년 이하의 금고(강제노역을 제외한 복역) 또는 2천만 원 이하의 벌금형에 처해진다. 문제는 가해자 측은 자신의 위법행위가 얼마나 위중한지 전혀 인식하지 못하고 있다는 점이었다. 후배에게 연락한 후, 가해자 측 보험사 직원과 전화 통화를 했다.

"당신이 뭔데요!"

상대방 보험사 직원은 처음부터 다짜고짜 거칠게 나왔다. 하는 수 없이 미국 변호사라고 말했다. 그래도 그 직원은 막무가내였다. 경력 10년차라고 자신을 소개한 직원은 계속 괴변만을 늘어놓았다. 필자 역시 강하게 나가기로 마음을 바꾸었다.

"당신 보험자에게 형사처벌 여부에 대해 언급하셨나요?"

"……."

"보험회사는 보험 가입자에게 중요한 사실을 고지할 법적 의무가 있습니다. 고지를 하셨나요?"

필자가 계속 다그치자, 보험사 직원은 몹시 당황해서 아무 말도 하지 못하고 가만히 있었다. 고지의무를 위반한 것이 분명했다. 필자에게는 절호의 찬스가 찾아온 셈이다. 상대방의 약점을 잡고 채찍질을 했으니, 이번에는 당근을 던질 차례다.

"사실 제가 우려되는 점은 또 있습니다."

"뭔가요?"

"가해자 말입니다. 자신의 행위에 전혀 문제가 없다고 생각하고 있지요. 자신은 잘못한 게 하나도 없는데 그냥 재수가 없었다고 생각하는 거 맞죠?"

보험사 직원은 아무 말도 하지 않았다. 침묵은 곧 긍정의 뜻이었다. 이제 결정타를 날릴 때가 되었다.

"그 보험자는 고위험군에 속합니다."

"무슨 말씀인가요?"

"이번에 9:1로 해주면 똑같은 사고를 또 낼 겁니다. 문제는 다음 번에는 더 크게 날 수 있어요. 11대 중과실 사고라서 보험사도 골치 아프겠지요. 이번에 자신의 잘못이 얼마나 큰지 가르쳐주는 게 보험사 입장에서도 이익입니다."

잠시 동안 침묵이 흘렀다. 순간 동네 후배가 휴대전화로 전송해준 사고 사진에 나온 빨간 폴대(시선유도봉)가 떠올랐다. 사고 현장에 폴대가 있었느냐고 묻자, 보험사 직원은 아무런 반박 없이 맞다고 확인해주었다. 가해자 차량이 폴대를 뚫고 끼어들기를 했느냐고 물어서 사진 상으로는 정확히 알 수 없다고 말했다. 그 순간 보험사 직원은 한마디를 읊조렸다.

"폴대 지역이면 무조건 100퍼센트 과실입니다."

자신에게 불리한 이야기를 자기 입으로 꺼낸 셈이다. 원래부터 폴대 지역이라는 사실은 알았지만 자신에게 불리하므로 계속 숨기다가 내가 집요하게 묻자 이야기한 것이다. 자신의 보험 가입자가 100퍼센트 과실이라는 것을 처음부터 알아놓고 9:1로 밀어붙인 것이다. 그러다가 필자의 '교통사고 고위험군' 논리에 말려 숨겼던 사실을 드러내고야 말았다. 생각해보니 11대 중과실 사고라서 보험사 책임도 아니고, 가해자 입장에서도 9:1이나 10:0은 실질적 차이가 거의 없기 때문이다. 다만 이것은 가해자와 보험사 직원의 자존심 문제일 뿐이었다.

협상이 자존심 대결로 치닫는 것은 가능한 한 피해야 한다. 양측 모두 감정적으로 대응하면 타결은 사실상 어렵기 때문이다. 이런 경우 상대방을 설득하고자 할 때는 그가 논리적으로 양보할 수 있는 퇴로를 확보해줘야 한다. 쥐도 코너에 몰리면 고양이를 문다. 협상의 프로는 상대방의 자존심도 존중해주는 자세가 필요하다.

호날두와 마카오박처럼 다분히 주관적인 평가가 중요할 때도 있지만, 협상의 결과를 평가하는 방법에는 객관적인 기준도 있다. 때로는 자신의 범주를 벗어나 제3자의 객관적인 기준에 따라서도 평가를 해보아야 한다. 또한 객관적인 기준을 누가 어떻게 정하는가도 중요한 이슈가 된다.

## 진실은 저 너머에 | 판단기준을 세워라

사람들은 누구나 자신에게 불리한 말은 하지 않는다. 이런 권리는 법적으로도 보호된다. 예를 들면, 미국 수정헌법 제5조는 '어떠한 형사사건에 있어서도 자기에게 불리한 증언을 강요받지 아니한다'라고 명문화하고 있다. 그런데 자신에게 불리한 내용을 빼는 경우, 내용 전체를 이해하기 어려워지거나 오해를 사는 경우도 생길수 있다. 때로 자존심 때문에 이야기를 하지 않는 경우도 있다. 긁어 부스럼을 만들기 원치 않기 때문에 가급적 조용히 넘어가려는 것이다. 자신의 실수를 상대방에게 굳이 알리고 싶지 않을 때, 우리는 흔히 입을 다문다.

2010년 여름 여성 산악인 A씨의 세계 제3봉인 칸첸중가 등반 여부가 사회적 이슈로 부각됐었다. 그녀가 제시한 정상 사진에 대한 의혹이 크게 불거진 것이다. 의혹은 다양했다. 예를 들어 일반적으로 산 정상은 눈으로 완전히 덮여 있는데, 산봉우리가 눈으로 완전히 덮여 있지 않았다.

의혹은 눈덩이처럼 불어났고, 얼마 후 한 TV 프로그램이 그녀의 등반 논란에 대해 다루었다. 당시 44세였던 A씨는 여성 세계 최초 히말라야 14좌 완등이라는 새로운 기록을 쓴 대한민국 대표 여성 산악인으로 부각되었는데, 열 번째로 오른 칸첸중가 등정에 대한 의혹이 인 것이다.

논란이 일자 A씨는 모든 매체와 한동안 연락을 끊었다. 유구무언. 입은 있으나 말을 하지 않았다. 그리고 어느 정도 시간이 지난 후, 한 일간지와의 인터뷰를 통해서 그녀는 여러 가지 의혹에 대해 조목조목 답변했다. 가장 핵심이 되는 사항은 막내 셰르파(산악 도우미)의 입장번복이다. TV 프로그램 촬영을 시작할 당시 막내 셰르파는 자신을 포함한 3명의 셰르파와 A씨가 함께 등정을 했고, 자신이 해발고도 10미터 정도를 앞서가는데, 리더 셰르파가 정상에서 150미터 떨어진 지점으로 내려오라고 해서 이의를 제기하고 다투었다고 주장했다. 사건이 국제이슈로 커지자 막내 셰르파는 입장을 돌연 바꿨다.

"리더 말이 맞다. 내가 (정상 위치를) 착각한 것 같다."

왜 번복했을까? 네팔 현지 언론에 의하면 막내 셰르파는 목적지를 칸첸중가 옆에 있는 세계의 지붕인 에베레스트 정상으로 착각했다고 전해진다. 네팔인들은 칸첸중가를 정상으로 여기지 않는다고 한다. 에베레스트 정상 등정을 위한 베이스캠프 정도로만 여길 뿐이다. 에베레스트 정상은 해발 8,849미터로 칸첸중가(8,586미터) 정상보다 263미터가 더 높다.

"나는 정점에 섰다고 얘기한 적이 없다."

A씨는 자신의 불편한 진실을 털어놓았다. 자신은 정점에 올라갔다고 주장한 적이 한 번도 없었고 정수리 포인트에서 5~10미터 사

이의 거리에 있는 바위에서 사진을 찍었다고 말했다. 그리고 그곳은 통상적으로 정상으로 기록된다고 해명했다. 또한 그녀는 눈보라가 너무 심해서 정수리 포인트에 설 수가 없었다고 했다. 그녀가 선지점 또는 위치가 정상인지 아닌지 여부는 자신이 결정할 사안이 아니라고 했다.

그러다가 히말라야 등정 기록의 권위자인 영국인 B여사의 등장으로 사건은 새로운 양상을 띠게 된다. 과연 세계적인 권위자인 그녀는 A씨의 칸첸중가 등정을 인정했을까? B여사는 1923년 미국 시카고에서 태어났고 미시간대학 대학원에서 역사학을 전공한 후 미국 경제잡지 〈포춘〉 지의 안정적인 일자리를 포기하고 네팔로 이주했다. 그녀는 지난 40여 년간 히말라야 등반기록을 꼼꼼히 작성해서 세계적인 명성을 얻었다. 그런데 문제는 그녀는 단 한 번도 등정을 해본 경험이 없었고, 어떠한 공식적인 지위도 가지고 있지는 않다는 점이다.

A씨는 B여사를 만나 칸첸중가 등정을 인정받았다고 주장했다. B여사는 TV 방송사와의 인터뷰에서 "이런 사진(A씨가 증거로 제시한 두 장의 사진)은 어디에서나 찍을 수 있다. 겨울에 카트만두 외곽에 가서 찍은 사진일 수도 있다. 근거로 삼을 만한 게 전혀 없다"고 말했다. B여사는 "그러나 나는 그녀가 거짓말하고 있다고는 생각하지 않는다"면서 "다만 그녀는 (그곳이 정상인지 아닌지) 몰랐을 수도 있다"고 말했다. 거짓말한 것으로 보이지는 않지만 정상이라고 생각했던 곳

이 실제로는 그렇지 않을 수도 있다는 주장이다. B여사는 A씨가 칸첸중가를 등정했는지를 증명하는 일은 자신이 할 게 아니라 한국에서 해야 한다고 주장했다. 한국 산악계가 스스로 진실을 밝혀야 한다는 주장이다.

다시 정리해보자. 우선 A씨가 정확한 정상 위치를 모를 수 있다는 말도 일리가 있다. 난생처음 가본 해발 8,500미터의 칸첸중가 정상에서 GPS 등 전문기기의 도움 없이 정확한 지점을 찾기는 쉽지 않기 때문이다. 또한 한국 산악회에서 이 모든 불편한 진실을 밝혀야 한다는 주장도 설득력이 있다. B여사는 등정 성공 여부에 대해서 긍정도 부정도 할 수 없다는 입장을 취했지만, 국내 언론은 마녀사냥 식으로 등정 성공을 강하게 부정했다.

여기에서 정상에 올랐다는 의미를 되새겨보자. 일상생활에서 정상에 올랐다고 하면 어떤 의미인가? 예를 들어 설악산 정상에 올랐다고 할 때, 뾰족한 정수리에 발을 딛고 서 있어야만 하는 것일까? 꼭 그렇진 않다. 안전상의 이유 등으로 '정상 부근'에 올랐다면 정상에 오른 것으로 본다. A씨의 칸첸중가 등정 논란도 이 같은 상식적인 이해로부터 시작돼야 한다. 문제는 다른 곳에 있었다. A씨를 포함한 국내 산악인들은 그 누구도 정상 부근에 대한 '불편한 진실'을 선뜻 밝히려고 하지 않았다. 대한산악연맹 회원 중에 칸첸중가를 등정했다는 7명으로 구성된 '서밋 미팅(Summit Meeting)'에서 등정 사실을 부정하자, A씨는 당당히 요구했다.

"나도 그분들의 정상 사진을 보고 판단하겠다."

국내 산악협회의 기준과 네팔 산악협회의 기준이 다르다는 사실은 국내 언론에서는 큰 주목을 받지 못했다. 이럴 때는 어느 나라의 기준이 글로벌 스탠더드인지에 대해서 생각해봐야 한다. 예컨대 태권도 규칙에 대해서 미국과 영국 간에 의견차가 발생했다고 가정해보자. 그럴 경우, 태권도 종주국인 우리나라의 대한태권도협회의 결정이 가장 중요한 것과 비슷하다. 답은 간단하다. 칸첸중가 등 히말라야가 있는 네팔 산악협회가 오피니언 리더가 되고 그들의 판단 기준이 글로벌 스탠더드가 되는 것이다.

서로의 기준이 다르고, 확실한 사실관계를 파악하기 어려워 논란이 생기고 난항을 겪는 양상은 협상에서도 똑같이 벌어진다. 양측은 각자 자신에게 유리한 서로 다른 기준을 제시하고, 이를 뒷받침할 오피니언 리더들의 다양한 말도 덧붙인다. 협상의 결과를 평가할 때도 비슷한 상황이 펼쳐진다. 똑같은 결과를 두고도 협상 참석자와 제3자가 서로 다른 의견을 제시하는 경우가 허다하다. 협상타결을 한 경우, 협상가는 우선 타결했다는 사실에 초점을 맞춘다. 하지만 언론 등 제3자들은 조목조목 따진 후, 자신의 관점에 따라서 재해석을 한다. 그런 과정에서 서로 다른 분석이 나오는 경우가 있다. 이럴 때 눈여겨봐야 할 부분이 바로 어떤 오피니언 리더 그룹에서 어떤 기준으로 평가를 했는가이다. 꿈보다 해몽이 중요하듯, 협상도 그 과정이나 결과만큼이나 평가기준이 중요하다.

## 억울하면 민원 제기하세요 | 말하지 않은 사실에서 약점을 파악하라

"운전면허증을 제시해주십시오."

어느 날 늦은 저녁 서울 강남의 ○○고등학교 앞 도로에서 한 남자가 갑자기 차를 세웠다. 자신을 사복경찰이라고 밝힌 후, 다짜고짜 신분증을 요구했다. 그런데 휴대전화로 범죄기록을 조회한 후, 그냥 가라고 했다. 왠지 이상해서 물었다.

"현행범을 추적 중인가요?"

"아닙니다. 음주단속 중입니다."

"음주단속기를 왜 안 불죠?"

"(약간 머뭇거리며) 저는 코로 냄새를 맡을 수 있습니다. (갑자기 킁킁거린다.)"

"어느 경찰서 소속인가요?"

"(주춤거리며) ○○경찰서입니다."

"교통안전과 소속인가요?"

바로 그 순간 뭔가 낌새가 수상했다. 분위기는 급반전됐다. 이번엔 내가 사복경찰의 신분증을 요구했더니 무척 당황했다. 어두워서 제대로 사진을 볼 수 없어서 가까이 오라고 했다. 당시 상황으로는 내게 다가온 사람이 사복경찰인지도 확신이 안 섰기 때문이다.

"무슨 법률을 근거로 제 차를 세운 거죠?"

잠시 후, 저 멀리에서 교통정리를 하던 50대의 정복경찰이 허겁지겁 달려왔다. 이쪽 분위기가 심상치 않다는 낌새를 알아차린 것이다. 교통경찰 신분증을 가까이서 확인하는 것을 보고 화들짝 놀란 표정이다. 불법 가능성을 제기하자 정복경찰은 소리를 버럭 질렀다. 적반하장도 유분수지! 이번엔 정복경찰에게 똑같은 질문을 했다.

"무슨 법적 근거로 제 차를 세운 거죠?"

"경찰관직무집행법 제5조입니다!"

"네에? 그런 법이 다 있나요?"

"억울하면 민원을 제기하세요!"

충격적인 태도였다. 시민의 안전을 책임져야 할 경찰이 고작 한다는 소리가 민원을 제기하라는 것이라니. 다음날 ○○경찰서 청문감사실에 전화를 했다. 어젯밤 생긴 해프닝을 설명하자 약간 멈칫거리는 느낌이 들었다. 잠시 후, 전화가 왔다. 확인 결과 ○○고등학교 앞 도로는 음주운전 단속구간이 아니었고, 인근 지구대(파출소)에서 단독으로 '목검문(주요 길목에 대한 일제 검문검색)'을 실시한 것이라고 해명했다.

"혹시 라바콘이 있었나요?"

"라바콘이 뭔가요?"

"빨간색 원뿔 모양의 교통통제 장비입니다."

"네. 본 것 같습니다."

"유니폼을 입은 경찰관이 먼저 왔나요?"

"아니요. 사복경찰 혼자 왔습니다."

"원칙적으로 정복경찰이 먼저 인사를 한 후, 사복경찰이 신원조회를 하는 건데 잘못됐네요. 놀라게 해서 죄송합니다. 담당 경찰관들을 확실히 교육시키겠습니다."

전화를 끊고 나서 무척 찜찜했다. 인터넷을 검색해보니 불심검문, 목검문 등 지나친 검문검색에 대한 네티즌들의 불만의 목소리가 상당히 높았다. 미국에서는 상상도 할 수 없는 일이다. 사복경찰이 길가는 차량을 아무런 합리적인 근거도 없이 세운 후, 범죄기록을 조회한 후 그냥 보낸다는 것은. 게다가 사복경찰은 법적 근거마저 허위로 진술했다. 불심검문이라고 말하면 시민들이 매우 불쾌하게 반응할 것이라고 생각해서 음주단속이라고 대충 둘러댄 것이다. 경찰의 무리한 검문검색은 수배자 조회실적이 업무평가에 반영되기 때문이라는 이야기까지 들렸다.

음주단속이라는 핑계는 논리적으로 물리쳤으나, 불심검문의 불법성을 개선하기에는 역부족이었다. 경찰들의 무분별한 '묻지 마 불심검문'에 나름대로 강한 메시지를 보냈지만, 그들은 근본적인 문제가 아니라 그 형식에 대해 사과를 했을 뿐이다. 사복경찰이 긴장한 이유는 자신의 행동이 잘못되었기 때문이 아니었다. 이유는 딴 데 있었다. 자신의 거짓말과 신분이 노출됐기 때문이다. 또한 소속을 묻자 경찰조직을 잘 아는 사람이라는 생각이 들어서 지레 주

눅이 든 것이다.

관련법인 '경찰관직무집행법'을 법제처 홈페이지에서 검색해보았다. 정복경찰이 민원을 제기하라던 제5조도 꼼꼼히 읽어봤다. 제목은 '위험발생의 방지'로 천재지변, 교통사고, 폭발, 광견 등 위험한 사태가 발생할 경우에 예상 피해자를 필요한 한도 내에서 억류 또는 피난시킬 권한을 부여한다는 내용을 담고 있었다. 정복경찰이 제시한 법적 근거(제5조)와 청문감사실에서 언급한 법적 근거(제6조)는 달랐다. 제6조는 '범죄의 예방과 제지'로 목검문 관련 조항이다. 정복경찰관은 정확한 법조항도 모르고 있었던 것이었다.

관련법 제3조에 의하면 경찰은 소속과 성명, 검문 이유를 반드시 밝혀야 한다. 음주단속이라는 검문 이유는 거짓말이었고, 소속과 성명은 작고 빠르게 말해서 정확히 알아들을 수가 없었다. 어두운 밤에 목걸이 신분증에 쓰인 글자는 읽기가 거의 불가능하다. 사람들은 자신에게 불리한 이야기는 하지 않는다. 꼬투리를 잡힐 빌미를 제공하지 않기 위해서다. 사복경찰관도 자신에게 불리한 이야기는 하지 않았다.

서로 첨예하게 대립하는 협상 테이블에서는 더욱 그렇다. 그렇기 때문에 우리에게는 상대방이 말하지 않는 사실을 통해서 상대방의 약점을 파악하는 기술이 필요하다. 'Read between the lines'라는 표현처럼 행간(속뜻)을 읽는 능력이 중요하다. 언제나 진실은 말로 표현되어지지 않는 그 너머에 있으며, 그 너머를 알아내 공략해야 협상의 성공 가능성을 높일 수 있다.


## [ 시간가치가 중요하다 ]

### 사랑도 할부가 되나요? | 사랑도 협상도 타이밍이 관건

"사랑도 할부가 되나?"

"뭐?"

"아니 만약 할 수 있다면 100년 할부로 너랑 살고 싶어서."

"근데, 너 그런 카드 있어?"

영화관에서 우연히 본 김태희와 김강우가 출연한 신용카드의 광고다. 광고 내용보다는 오히려 풀벌레 소리 등의 촬영지 분위기와 피아노 배경음악으로 더욱 유명했던 광고이다. 네티즌들이 올린 재미있는 댓글이 있었다.

"사랑에는 할부가 있기보단 유통기한이 있는 듯해요."

"할부로 100년이면 복리이자가 얼마일까?"

이 광고는 남자가 나름 로맨틱에게 프러포즈를 하는 콘셉트이다. 하지만 우리가 여기서 협상과 관련하여 살펴봐야 할 것은 타임과 타이밍의 차이점이다.

타임은 과거로부터 현재와 미래로 이어지는 무한한 관점에서의 시간이고, 타이밍은 행동의 효과가 가장 크게 나타나도록 시기를 맞추는 선택, 즉 적기를 포착하는 기술과 관련이 있다. 위 광고에서 타임은 할부기간인 100년이고, 타이밍은 작업멘트를 날리는 바로 그 순간인 것이다. 프러포즈에서도 타이밍이 중요하듯, 협상에서도 시기의 선택이 매우 중요하다.

동일한 상대와의 협상이라도 그 타이밍에 따라서 전혀 다른 결과가 나올 수 있다. 같은 커플이라도 프러포즈 타이밍에 따라서 여자의 승낙 여부가 달라질 수 있는 것과 비슷하다. "Timing is Everything!" 시기 선택의 중요성을 강조한 표현이다. 시간에 제약을 받는 경우, 협상에서 불리한 위치에 놓일 수밖에 없다. 특히 시간이 흐를수록 불리하다는 사실을 인지할 경우, 협상력에도 상당한 지장을 초래한다.

## 배고프면 먹기도 해요 | 시간제약을 전략적으로 활용하라

저녁 8시 동네 편의점에 들렀다고 가정하자. 때마침 출출해서 패스트푸드 코너 앞을 서성인다. 늦은 시간이라 남은 음식이 많지 않다. Oh! My Precious! 영화 〈반지의 제왕〉의 골룸의 대사가 절로 나온다. 냉장 칸 선반 맨 윗줄에 제일 좋아하는 삼각김밥이 딱 1개가 남아 있기 때문이다. 뒷면에 쓰인 유통기간을 자세히 보니 한 시간밖에 안 남았다. 계산대에서 스마트폰 게임이 푹 빠져 있는 알바생과의 삼각김밥 가격협상을 상상해보자. 당신이 얻고자 하는 것은 가격인하이고, 편의점 점원이 원하는 것은 재고를 없애는 것이다.
얼핏 보기에는 윈윈할 수 있는 타결을 위한 협상이다.

> 손님: (삼각김밥 뒷면을 보여주면서) 유통기간이 한 시간밖에 안 남았죠?
>
> 편의점 알바생: (웃으면서) 네.
>
> 손님: 유통기간이 지나도 판매하나요?
>
> 편의점 알바생: 아뇨. 바코드가 인식되지 않아서 판매할 수가 없어요.
>
> 손님: (집요하게) 그럼 다 버리나요?
>
> 편의점 알바생: 아니요. (웃으면서) 배고프면 먹기도 하죠.

가격협상은 '을' 위치에 있는 사람이 주로 시작한다. 목마른 자가
우물을 파듯이, 배고픈 자가 삼각김밥을 산다. 중요한 것은 점원의
협상타결 의지이다. 위의 경우처럼, 파결을 원한다면 싱겁게 끝날
것이다. 만약 편의점 알바생이 유통기간이 지난 삼각김밥에 흑심을
품지 않았다면 협상은 손쉽게 끝날 수도 있을 것이다.

> 손님: 유통기한이 한 시간 남았는데, D/C 안 되나요?
>
> 편의점 알바생: 그럼 한 시간 있다가 오시면 그냥 드릴게요!
>
> 손님: 정말요?! 혹시 사장님한테 혼나시는 건 아닌 거죠?
>
> 편의점 알바생: 어차피 버릴 건데요, 뭐.

삼각김밥 협상은 타이밍의 중요성을 일깨워준다. 유통기간을 전후로 편의점 알바생의 입장이 뒤바뀌기 때문이다.

판매자가 보다 적극적인 자세로 임할 경우에는, 시간적 제약이라는 자신의 약점을 보완할 수 있는 일종의 '보너스'가 필요하다. 판매자가 유통기한이 얼마 남지 않은 제품을 판매하기 위해 적극적으로 나서는 예는 백화점에서 찾아볼 수 있다.

평일 저녁 8시. 백화점 마감시간 20~30분 전부터 식품코너는 가히 전쟁터를 방불케 한다. 여기저기에서 재고를 줄이기 위한 치열한 고객유치 경쟁이 벌어지기 때문이다. 평상시 가격의 4분의 1에서 2분의 1까지 파격적인 할인가가 난무한다. 정신을 바짝 차리지 않으면 눈여겨봐놓았던 전통떡 세트를 옆 사람들에게 다 빼앗길 수도 있다. 이런 시간대를 공략하는 알뜰 주부들도 여기저기서 눈에 띈다.

어느 날 필자는 마감시간 5분 전에 백화점 지하 식품코너에 도착했다. 네 살짜리 딸 생일 케이크를 미리 준비하지 못해서 부랴부랴 사러 간 것이다. 지하 1층 케이크 코너 앞에서 분주히 짐을 꾸리는 점원에게 말을 건네고 있는데 때마침 아내에게서 문자가 도착했다. 딸기 생크림 케이크로 사 오라는 내용이었다.

"혹시 딸기 생크림 케이크가 있나요?"

"네. 딱 한 개 남아 있습니다."

"우와! 다행이군요. 빨리 포장해주세요."

"초는 몇 개 드릴까요?"

"음…… 하나 둘 셋…… 네 개 주시면 되겠네요."

"긴 초로 드릴까요? 아님 짧은 초로 드릴까요?"

"긴 초로 주세요."

점원과의 대화가 무르익어갈 무렵, 갑자기 그녀의 표정이 확 어두워졌다. 순간 불길한 예감이 들었다. '혹시 재고확인을 잘못한 걸까? 길 건너편에 있는 다른 백화점으로 갈걸…….' 한참 뜸을 들이던 점원이 드디어 입을 열었다.

"고객님, 문제가 생겼습니다."

"무슨 문제요?"

"확인을 해보니 딸기 생크림 케이크가 약간 부셔져 있습니다. 제가 15퍼센트 할인해드릴게요!"

잠시 동안 고민에 빠졌다. 자세히 살펴보니 케이크 한쪽이 살짝 뭉그러져 있었다. 유심히 보지 않으면 잘 눈에 띄진 않는 크기였다. 그런데 점원 이야기를 듣고 나니, 유난히 커 보였다. 15퍼센트 D/C라는 말이 계속해서 귓가에 아른거렸다. 내 귀에 캔디처럼. 문제는 아내의 반응을 예측하기 어렵다는 점이다. 과연 15퍼센트 할인된 뭉그러진 케이크를 사 가면 기쁘게 반겨줄 것인가? 아니면 문전박대를 당할 것인가? 확신이 서질 않았다. 딸기 생크림 케이크가 있다고 말해놨는데, 어떤 이유든 빈손으로 가면 딸의 생일파티를 망친 주범으로 낙인 찍히고 모든 사후책임을 져야 할지도 모른다. 반대로 15퍼센트 할인된 케이크를 사 가도 잔소리를 들을 것 같았다. 괜히 몇 푼 안 되는 돈 아끼려고 가족들 기분을 망칠 수 있다는 생각도 들었다. 진퇴양난이었다. 이럴 때는 두 가지 의견대립의 균형을 깨줄 결정타가 필요하다. 전문용어로는 이를 타이브레이커(tie-breaker)라고 부른다. 스포츠 또는 퀴즈 경기에서 동점을 '타이스코어(tie score)'라고 하는데 타이브레이커가 등장하는 순간, 이 팽팽한 균형이 깨지고 승자가 결정된다.

"서비스로 수제 쿠키를 드릴게요!"

무료 쿠키의 힘은 강했다. 몇 분 동안 지속된 교착상태를 쿠키가 확실하게 끝내줬다. 약간 부서진 케이크이지만, 15퍼센트 할인과 더불어 무료 쿠키까지 받아 간다면, 집사람은 물론 아이들도 무척 기뻐할 것이라는 강한 확신이 들었다. 뭔가 대업을 이룬 것 같은 이유모를 성취감이 해일처럼 몰려왔다. 하지만 나르시시즘의 끝은 너무 씁쓸했다.

"쿠키는 원래 서비스로 주는 거예요!"

아내가 딱 잘라 말했다. 이게 웬 청천벽력 같은 말인가! 갑자기 사기를 당한 느낌까지 들었다. 선량해 보이던 케이크 가게 여직원의 해맑은 미소가 왠지 가식적으로 느껴졌다.

'원래 무료 서비스인 걸 나한테 생색을 냈구나!'

허탈했다. 협상에서는 교착상태를 타계할 기술이 필요하다. 딸기 생크림 케이크 사례에서의 '생색 내기용' 쿠키 같은 것이 바로 그것이다. 만약 보다 큰 폭의 할인을 원한다면 어떤 말이 효과적일까?

"유통기한이 언제까지죠?"

이 말 한마디면 협상에서 더 유리한 위치를 점할 수 있었는데, 아쉽다! 삼각김밥을 포함한 모든 식품류에는 유통기한이 있다. 식품은 사실상 유통기한에 의해 지배된다. 유통기한이 지난 식품류는 유통 및 판매가 법적으로 금지되기 때문이다. 백화점 지하식품 코너에서의 가격협상에서는 상당한 힘을 발휘할 수 있는 말이다. 백화점 마감시간은 가게 점원과 손님에게 동등하게 적용되는 시간적 제약이지만, 케이크의 유통기한은 가게 점원에게만 적용되기 때문이다. 이런 비대칭성을 활용해야 보다 효과적인 협상전략을 구사할 수 있다.

통상협상에서도 타결시점을 미리 정해두는 경우가 있다. 타결시점에는 두 가지가 있다. 우선 양측 모두에게 동등하게 적용되는 시간적 제약이다. 마치 백화점의 마감시간처럼 양측이 공개적으로 목표일을 발표하는 경우가 이에 해당된다. 예를 들면, 대통령이 외국 정상과의 양자회담에서 협의한 후, 일정을 공식 보도자료에 포함시키는 경우이다. 주로 FTA 협상개시 또는 협상타결 등을 발표하는데 일반적으로 구속력이 없기 때문에 양측 모두 큰 부담 없이 발표한다. 장점은 밑그림을 그리는 데 도움이 된다는 점이고, 단점은 차후 얼마든지 수정이 될 수 있다는 불확실성이다.

다른 하나는 한쪽에만 일방적으로 적용되는 시간적 제약이다. 삼각김밥 및 생크림 케이크 유통기한처럼 소비자가 아닌 판매자에게만 적용된다. 법적 구속력이 있어서 유통기한이 지날 경우, 판매가 금지된다.

통상협상 과정에서도 일방적인 시간제약이 적용되는 경우가 있다. 협상국 중 하나가 자국의 '희망' 스케줄을 대내외로 천명하는 경우이다. 대통령의 임기 등을 정치적으로 고려해서 타임라인을 제시하는 것을 예로 들 수 있다. 구속력은 없지만 자국 협상 담당자에게는 심적 부담으로 작용할 수 있고, 상대국이 전술적으로 역이용할 수 있는 기회를 제공할 수도 있다. 그렇기 때문에 협상 스케줄에 대한 언급 자체를 피하는 것이 국제협상의 일반적인 관례이다. Don't ask, don't tell(묻지도 말하지도 말라)!

협상할 때는 두 종류의 시간제약을 전략적으로 활용하는 기술이 필요하다.

Part

# II

## 두 얼굴의 한 사람,
## 딜메이커와 딜브레이커

## 딜메이커의 양면성

딜메이커는 상대방과 자신의 차이점을 적극적으로 수용하고 양측이 모두 공감할 수 있는 절충안을 만드는 사람이다. 반면 딜브레이커는 차이점을 인정하지 않고 무조건 자신이 원하는 방향으로 끝까지 밀어붙이려는 사람이다. 그렇다면 딜메이커와 딜브레이커는 어떻게 구분할 수 있을까? 정답은 '입장에 따라 다르다'이다. 자신은 딜메이커, 상대방은 딜브레이커인 경우, 자신 편에 서는 사람은 딜메이커, 반대편은 딜브레이커가 되는 것이다. 동일한 인물이라 할지라도 '보는 관점에 따라서' 다르게 평가된다. 이것이 바로 딜메이커의 양면성이다.

# 03

# 딜브레이커는 설득되지 않는다

어느 여름날, 청담동 커피 전문점에서 생긴 일이다. 손깍지를 꼭 낀 30대 커플이 창가 옆에 자리한 고급 소파에 앉는다. 남성이 자리에서 일어서면서 묻는다.

"자기, 뭐 사 올까?"

"아이스 카라멜 마키야또 그랑데 사이즈!"

"아.이.스. 이름이 뭐 이렇게 길어!"

"커피 이름은 원래 다 그래."

살갑던 분위기는 이내 냉랭해졌다. 잠시 후, 남성이 커피와 자몽 주스를 들고 돌아온다. 커피를 한 모금 마신 후, 여성이 투덜거리기 시작한다.

"자기는 음식을 너무 가려서 피곤해."

"내가 뭘 가린다고 그래? 난 안 먹는 것 거의 없는데……."

"(약간 당황한 듯) 커피 안 마시잖아?"

"커피는 음식이 아닌데!"

"암튼 커피는 중요해."

청담동 커피녀는 남자친구 자몽남도 커피를 마시길 원한다. 같은 음식을 먹는 것이 서로간의 유대를 강화한다고 생각할지도 모른다. 커피를 좋아하는 사람에게는 나름대로의 이유가 있다. 커피를 마시지 않는 사람들도 마찬가지이다. 중요한 것은 똑같은 것을 먹고 안 먹고 하는 것이 아니다. 이 차이점을 서로 어떻게 받아들이는가이다. 딜메이커와 딜브레이커의 차이점도 여기서 생긴다.

자신과 다른 의견을 가진 사람을 설득하기란 쉽지 않다. 더러 극단적인 방법을 쓰기도 하지만, 효과는 그리 좋지 않다. '눈에는 눈, 이에는 이'라는 속담처럼 상대편도 극단적인 대응을 할 수 있기 때문이다. 강 대 강 대립구도에서는 협상 자체의 성립도 어려워진다. 승자는 상처뿐인 영광을 얻고, 패자는 모든 것을 다 잃을 수 있는 위험한 대립구도는 피하는 것이 좋다. 이럴 때는 판을 먼저 깨고 나가는 사람이 유리하다. 박수칠 때 떠나라. 어차피 깨어질 판이라면 미련 없이 떠나는 것이 상책이다.

# [ 고객은 설득당하지 않는다 ]

어느 날 10년 이상 보험업에 종사하고 있는 후배가 투덜거렸다. 처음 시작할 때는 설득력만 있으면 그 누구라도 가입시킬 수 있다고 굳게 믿었다고 한다. '열 번 찍어 안 넘어가는 나무 없다'는 속담을 금과옥조처럼 마음에 품고 그 후배는 자신의 설득력과 끈기를 무기로 보험업에 뛰어들었다. 그 후 강산도 변한다는 10년이 지났다. 후배의 생각은 놀랍게 변해 있었다.

"형. 이젠 딱 보면 알아요. 보험을 가입할지 안 할지."

"어떻게?"

"눈빛부터 달라요."

"안 할 것 같으면 어떻게 해?"

"자리에서 곧바로 일어나서 뒤도 안 돌아보죠."

"왜?"

"뒤돌아봐야 속만 아프니까요."

후배의 관점에서 보면 세상에는 두 부류의 사람들이 존재한다. 보험에 관심이 있는 사람과 그렇지 않은 사람이다. 마치 청담동 커피녀에게 세상 남자들이 커피를 마시는 사람과 그렇지 않은 사람으로 나누어지듯. 두 부류 모두 설득을 하기는 그리 쉽지 않다. 나름대로의 애로사항이 있기 때문이다.

우선 보험에 관심 있는 사람은 자신이 아는 사람을 통해서 보험에 가입하려는 성향이 강하다. 아무리 좋은 혜택을 제시해도 낯선 컨설턴트에게는 선뜻 마음의 문을 열지 않는다. 그나마 보험에 관심이 있는 사람은 여러 가지 혜택 등을 설명하면서 설득할 수도 있겠지만, 보험에 아예 관심이 없는 무용론자와는 대화 자체가 어렵다. "관심 없습니다!"라는 한마디면 게임이 종료된다.

　살아가면서 사람들은 수많은 갈등 국면을 만나고, 서로의 의견차를 좁히지 못해서 답답해한다. 왜 이렇게 자기 마음과 생각을 몰라주나 싶어서 속상할 때도 많다. 이 모든 것이 설득력 부족 때문일까? 꼭 그렇지는 않다. 솔직하게 말하자면 사람이란 원래 쉽게 설득당하지 않는 존재이기 때문이다. 협상장에 나온 협상 전문가들은 더욱 그렇다. 우리는 모든 사람을 설득할 수 있다는 장밋빛 희망에 쉽게 빠지는 것이 경향이 있다. 판도라의 상자 속에 끝까지 남아 있는 그것처럼.

　그러나 현실을 직시하면 상황은 달라진다. 우선은 현실적으로 접근해야 협상을 올바르게 이해할 수 있다. 모든 것을 나의 생각대로 끌고 갈 수는 없는 법이다. 협상의 손익계산은 잠을 자게 해주는 멜라토닌 호르몬과 비슷한 점이 있다. 너무 부족하면 불면증에 시달리고, 너무 많으면 우울증에 걸릴 수 있다. 1장에서 언급한 직장 선배의 조언처럼 협상은 서로 약간 부족하다는 느낌이 들 때가 가장 잘된 것이다. 과유불급. 한쪽으로 치우치지 않는 협상이 이상적이다. 그렇지 않으면 협상 자체가 결렬되기 쉽기 때문이다.

우리는 왜 협상하는가? 어떻게 하면 성공적인 협상을 할 수 있을까? 심리학을 이용한 설득도 이해관계가 첨예하게 대립하는 비즈니스 협상에서는 큰 힘을 발휘하지 못한다. 협상은 설득이 아니라 논리싸움이기 때문이다. 협상이란 상대방을 설득하는 과정이 아니라, 상대방의 논리를 누를 수 있는 대응논리를 개발하는 과정이다. 협상에서는 설득이 아니라 논리적 사고방식이 중요하다.


## [ 선입견이 사람 잡는다 ]


"판사는 재판 전에 마음속으로 미리 결정한다."

미국 로스쿨 교수가 수업 중에 들려준 가장 충격적인 이야기다. 로스쿨에 입학하기 전에는 재판 과정의 치열한 논쟁이 판결을 결정한다고 생각했는데 이러한 생각을 완전히 뒤집는 말이었기 때문이다. 판사는 재판 과정을 통해 결정을 내리는 것이 아니라, 마음속으로 미리 정한 판결에 살을 덧붙이는 셈이다. 갑자기 재미있게 봤던 미국 법정 영화와 드라마의 감동이 반감되는 느낌이었다. 변호사의 현란한 언변은 현실에서 영화와 같은 극적인 효과를 기대하기 어렵다. 물론 배심원이 참여하는 배심원 재판(Jury Trial)에서는 설득의 여지가 있긴 하다. 미국 법정에서 배심원은 유무죄를, 판사는 형량을 결정하기 때문이다. 그러나 배심원 없이 진행되는 판사 재판(Bench

Trial)의 경우는 설득의 효과가 별로 크지 않다. 국내에도 미국식 배심원 제도를 벤치마킹한 '국민참여재판제도'가 있기는 하지만, 아직 초기 단계라서 배심원 평결이 법적 구속력은 없다. 즉, 판사가 배심원 평결을 뒤집고 판결할 수 있다.

법정뿐 아니라 우리 일상의 모습을 들여다보자. 우리라고 해서 과연 판사와 다를까? 대부분의 경우, 스스로 결정을 내린 후 그 판단에 맞는 보충자료를 찾으려 하지 않는가? 자신의 주장을 뒷받침할 만한 논거를 찾아서 더욱 단단하게 자기 결정을 무장하지 않는가? 과연 피를 말리는 협상 과정에서 상대방을 설득할 수 있는 확률은 얼마나 될까? 아마도 상당히 낮을 것이다.

협상 테이블에 나온 협상가들은 두 가지 입장을 정리해서 나온다. 일반적으로 자신에게 유리한 입장(플랜 A)과 약간 불리하지만 협상타결을 위한 입장(플랜 B)이 바로 그것이다. 만약 당신에게 두 가지 선택권밖에 없다면 어떻게 결정할 것인가? 여기서 협상가의 전략과 기술이 중요해진다. 극히 제한된 선택사항으로 어떻게 양측이 수용할 수 있는 최상의 조합을 만들어내느냐가 협상의 성패를 좌우한다.


### 3개월 있다가 오세요 | 플랜 A vs. 플랜 B

"렌터카 보험에 가입하시겠습니까?"

"아뇨. 필요 없습니다."

"들어두시는 게 문제가 생겼을 때 해결이 깔끔한데요."

"제 차 보험에 포함돼서요."

미국 시카고 시내의 한 렌터카 회사 직원이 계속해서 렌터카 전용보험을 들라고 권유했다. 필자는 정중히 거절했다. 당시 필자의 차 보험에 렌터카 보험까지 포함됐기 때문이다. 여기에는 두 가지 선택뿐이다. 가입할 것인가, 말 것인가, 그것이 문제로다. 어떤 카드가 플랜 A인지는 상황에 따라서 바뀔 수 있다. 시카고에서 렌터카를 타고 시카고 인근 고속도로 나들목으로 나가고 있었다. 지방도로로 진입하는 입구에 승용차 한 대가 신호대기 중이었다. 급브레이크를 밟는 순간 문제가 발생했다. 비가 내린 직후여서 노면이 매우 미끄러웠다. 끼이익! 렌터카에 도로 미끄럼을 방지하는 ABS 기능이 없었다는 사실을 그제야 깨달았다. 급제동이 걸리면서 차는 좌우로 심하게 흔들렸다. 그리고 잠시 후, 정차 중인 차량의 뒷면과 충돌하고 말았다.

"Are you okay?"

헐레벌떡 차에서 뛰어나가 상대 차량 운전자에게 물었다. 미국인들이 교통사고 후에 주로 하는 말이다. 참고로, 미국 교통사고 현장에서는 "I am sorry"라는 표현을 절대로 쓰지 않는다. 자신의 과오를 인정하는 꼴이 되기 때문이다. 미국인들도 자신에게 불리한 이야기는 절대 먼저 꺼내지 않는다. 자동차를 갓길로 옮긴 후 추돌부위를 자세히 살펴보았다. 다행히 차량은 그리 심하게 파손되지 않았다.

잠시 후, 경찰이 도착했다.

"사고현장이 정확히 어느 지점인가요?"

"고속도로 나들목이 끝나는 지점에 있는 신호등 앞입니다."

"고속도로 상에서 발생한 것이군요."

"네. 맞습니다."

"죄송합니다만, 그렇다면 제가 관여할 사건이 아닙니다."

"왜죠?"

"고속도로에서 발생한 교통사고는 주 경찰(State Trooper)의 전담업무입니다."

미국의 경찰체계는 상당히 복잡했다. 고속도로 나들목 여부에 따라서 담당 경찰이 바뀐다고 했다. 10여 분 후 다시 요란한 사이렌 소리와 함께 주 경찰이 현장에 도착했다. 그가 교통사고 보고서를 작성하면서 물었다.

"자동차 보험증서를 제시해주시길 바랍니다."

"렌터카 보험은 별도로 없습니다."

"그럼, 다른 차량 보험은 있으신가요?"

"네."

"지금 제시해주시길 바랍니다."

"지금은 없습니다."

"그럼, 보험증서 미제시 벌금을 납부하셔야 합니다."

"제 차 보험에 포함된다니까요!"

"이의가 있으시면 법원출두 하십시오!"

며칠 후, 지역 지방법원에 출두했다. 처음 출석해보는 미국 법정이라서 왠지 모를 설렘까지 들었다. 아래위로 정장을 말끔히 차려입고 판사와 대면했다. 마치 미국 영화에 나오는 주인공 변호사처럼. 판사는 나지막하게 물었다.

"배심원 재판을 원하십니까(Do you want a jury trial)?"

예상치 못한 첫 번째 질문에 약간 당황했다. 순간적으로 판사 재판보다는 배심원 재판이 유리할 것이라는 생각이 들었다. 로스쿨 강의 중에 배심원 재판이 피고에게 유리하다는 이야기를 들은 기억도 어렴풋이 났다. 그런데 문제가 있었다. 배심원 재판은 스케줄이 많이 밀려 있었다. 자신의 달력을 확인한 판사는 3개월 후로 재판일정을 잡아주겠다고 했다. 그런데 미국에서는 배심원 재판을 해도 타주 사람들에게는 불이익이 생길 수 있다는 말이 생각났다. 이 동네 출신의 배심원들이 외국 유학생을 불쌍하게 여길 이유는 별로 없어 보였다. 울며 겨자 먹기 식으로 판사 재판에 동의했다. 필자로서는 순간적으로 플랜 A와 플랜 B 사이에서 결정을 내린 것이었다. 무엇이 더 유리할지, 그리고 무엇이 더 수월할지를 그 자리에서 결정해야만 했다.

"그렇다면 그냥 판사 재판을 받겠습니다."

"좋습니다. 잠시 기다리세요."

잠시 후, 검사로 보이는 회색 정장차림의 남자가 입장했다. 교통법규 위반이라는 비교적 사소한 사안이라 재판은 간략하게 진행되었다.

"피고는 사건 당일 자동차 보험증서를 제시하지 않았습니다."

"네, 맞습니다. 재판관님. 그 당시 소지하지 않았을 뿐입니다."

"지금 가지고 왔나요?"

"네."

"제출해주시길 바랍니다."

잠시 후, 검사와 판사가 제출된 자동차 보험증서를 차례로 확인한 후, 둘이서 고개를 끄덕였다.

"증거 확인 결과, 피고의 주장이 맞습니다."

생애 첫 번째 소송이 싱겁게 끝났다. 5분도 채 안 걸렸다. 그런데도 피고 입장에서 재판을 받자니 상당한 심적 부담감을 느꼈다. 지금 생각해보니 판사가 배심원 재판을 하지 말라고 한 이유를 알 것 같다. 배심원 재판을 할 만큼 그렇게 심각한 사건이 아니라고 판단한 것이다. 보험증서만 제출하면 쉽게 끝날 일이었기 때문이다. 혹시 3개월을 기다린 후, 배심원 재판을 했으면 어떤 일이 생겼을까 궁금했다. 배심원의 편견이 매우 큰 영향을 주기 때문이다. 배심원의 관점에 따라 형사재판의 유무죄가 뒤바뀌는 경우도 있다. 만약 그 동네 출신 배심원들이 동양인에게 매우 배타적인 선입견을 가지고 있다면 판결에 부정적인 영향을 줄 수도 있는 노릇이었다.

엉겁결에 플랜 A가 아니라 플랜 B를 선택한 셈이었지만, 결과적으로는 최선의 선택이었다. 배심원 재판을 받을 경우 혹시라도 위험요소가 발생할 수도 있었고, 또 3개월이라는 시간을 기다리며 심리적으로도 찜찜한 기분을 느꼈을 것이기 때문이다. 두 가지 옵션이 있을 때는 스스로 컨트롤할 수 없는 위험요소가 적은 것, 시간적으로나 심리적인 소모가 적은 것을 선택하는 좋다.

### 당신은 내 비밀병기입니다 | 협상은 공정하지 않다

"어떻게 흑인이 공정한 재판을 받을 수 있나요?"

"……."

"판사석과 배심원석은 흑인의 적인 백인들로만 채워져 있잖아요."

"그런데 왜 백인 변호사인 저를 선임하셨죠?"

"당신은 내 비밀병기입니다. 당신이 그 나쁜 사람들 중에 한 명이기 때문이죠."

영화 〈타임 투 킬(Time To Kill)〉에서 칼리 해일리(사무엘 잭슨)는 두 명의 백인 남성을 재판장에서 사살한다. 무참히 성폭행을 당한 어린 딸의 복수를 위해서다. 그가 변호사 제이크(매튜 맥커너히)를 선임한 이유를 설명하는 장면이다. 형사 피고인과 변호인의 동상이몽이다. 변호사 제이크는 자신을 개인적으로 좋아해서 선임했다고 생각했다. 반면 칼리 해일리는 제이크가 12명의 백인 배심원처럼 자신을 다르게 본다는 점에 초점을 맞추어 전략적으로 백인 변호사를 선택하였다.

"만약 당신이 배심원이라면, 무엇이 당신을 설득할 수 있을지 생각해보십시오!"

문제는 재판 장소가 인종차별이 극심한 미국 남부의 미시시피 주라는 점이다. 형사재판이 매우 불리한 상황이었다. 게다가 KKK단까지 가세하면서, 살인사건은 전국적인 이슈로 달아오르고 검사 버클리(케빈 스페이시)는 12명의 배심원단을 전원 백인으로 구성해 유죄 판결을 끌어낼 준비를 마친다.

"제가 이야기하는 동안 모두 눈을 감아주시길 바랍니다."

변호사 제이크가 최종변론 도입 부분에서 한 말이다. 이 영화는 미국 배심원 제도의 특징을 자세히 설명해준다. 일반적으로 배심원 재판은 형사 피고인에게 유리하도록 만들어졌으나, 영화 〈타임 투 킬〉 속에서는 심한 인종차별로 인해서 반대로 흑인 피고인에게 불리하게 설정된다. 변호사 제이크는 최종변론을 마무리하면서 북받쳐 오르는 감정에 눈물을 참지 못한다.

"이제, 그 소녀가 백인이라고 상상해보십시오. 이상입니다."

최종변론의 마지막 한마디가 배심원들의 마음을 움직였다. 배심원들도 부정할 수 없을 만큼 인종차별이 극심한 지역이었지만, 눈을 감고 그 피해자가 자신의 딸 같은 백인 소녀라고 상상해보자 사건이 완전히 다른 각도로 보인 것이다. 감정에 휩쓸리기 쉬운 배심원 재판에서 가능한 시나리오이다. 판사에게는 눈을 감아달라는 요청을 할 수 없기 때문이다. 백인 배심원들 모두 칼리를 유죄라고 마음속으로 결정하고 있었다. 그러나 법정 밖에 운집한 흑인들은 모두 그가 인종범죄의 피해자이기 때문에 무죄라고 소리친다. 그리고 인종의 벽을 넘는 부성애를 자극하는 최종변론은 결과적으로 배심원들의 마음을 움직여 극적 반전을 일으킨다.

"저는 흑인도 남부에서 공정한 재판을 받을 수 있다는 것을 증명하려고 노력했습니다."

"법의 눈으로 볼 때는 우리 모두는 평등합니다."

"그것은 사실이 아닙니다."

최종변론의 도입 부분에 변호사 제이크가 '공정한 재판'에 대해서 한 말이다. 영화에서뿐 아니라 우리의 현실 세계에서도 공정하지 않은 재판이 존재한다. 재판장 밖의 협상장에서도 비슷한 원리가 적용된다. 협상에는 힘의 불균형이 존재하기 때문이다. 50 : 50으로 힘의 균형이 잡혀 있을 때는 어떨까? 아이러니컬하게도 협상 자체가 잘 성립되지 않는다. 최소한 51 : 49의 불균형이 존재해야 협상이 성립되는 경우가 많다. 현실에서 부족한 부분을 채우기 위해 협상이 존재하기 때문이다. 자신과 동등한 위치에 있는 사람과는 협상할 것이 별로 없다. 50 : 50 평등한 협상만을 추구한다면, 아마도 협상을 타결하는 것 자체가 어려울 것이다.

# 〔 딜브레이커는 어디에나 있다 〕

**토플점수는 몇 점인가요?** | 상대 측의 딜브레이커를 이용하라

다시 미국 시카고로 돌아가보자. 시카고 미술관 근처에 위치한 존 마샬 로스쿨(The John Marshall Law School)에서 생긴 일이다. 그곳은 규모는 작지만 미국에서 첫 번째로 지적재산권 프로그램이 설립된 곳이다. 관련 분야에서 명성이 자자한 트루보 교수 강의를 듣기로 했다. 첫 강의가 끝난 후, 교수 사무실을 찾았다. 자기소개를 하면서 눈도장을 찍기 위함이다. 벽에 걸린 개구리 벽시계가 눈에 쏙 들어왔다. 개구리 12마리가 시간대별로 다른 포즈를 취하고 있었다. 교수의 관심사인 개구리 이야기로 운을 뗐다.

"교수님, 개구리를 좋아하시나 봐요?"

"개구리는 동양(the Orient)에서 '부와 재산'을 의미하죠. 하하하!"

개구리가 부와 재산을 상징한다고? 교수가 언급한 개구리는 우리나라의 두꺼비를 의미한 듯하다. 개구리 하면 제일 먼저 떠오르는 것은 말썽쟁이 청개구리이기 때문이다. 아시아가 아닌 Orient(동양)라는 표현도 문맥에 안 맞는 느낌이 들었다. 하지만 누구든 첫인상이 중요하므로 부정적인 이미지를 줄 필요는 없겠다 싶었다. 화기애애한 대화를 나눈 후, 조금 더 편해진 느낌이 들었다.

일주일 후, 트루보 교수 사무실을 다시 찾았다. 실무연수에 지원하고 싶다는 말을 슬며시 흘렸다. 교수는 아직 학기 초라서 바쁘니

나중에 이야기하자며 확답을 피했다. 교수와의 실랑이는 그 후 약한 달간 지속됐다. 실무연수를 보내달라고 조르는 학생과 시간이 더 필요하다는 교수와의 시소게임이 시작된 것이다. "열 번 찍어 안 넘어가는 나무는 없다!"는 속담을 주문처럼 외우면서 교수 사무실을 매주 화요일마다 찾았다. 그런데 그날따라 교수의 안색이 안 좋아 보였다.

"영어실력이 부족해서 실무연수를 받기 어려울 것 같습니다."

청천벽력 같은 소리였다. 정말로 영어가 문제라면, 처음 찾아갔을 때 지적해줬어야 옳다. 최소한 헛걸음질을 할 필요는 없었을 것 아닌가. 한편으로는 이해도 갔다. 일반적으로 교수는 최소한 한 학기를 마친 후에 학생을 추천한다. 학생을 충분히 평가할 기회를 가진 후, 추천을 하기 때문이다. 게다가 교수가 추천하려는 로펌은 당시 미국에서 변호사 수가 가장 많은 '베이커 앤 맥킨지(Baker & McKenzie)' 였기 때문에 심적 부담도 느꼈을 것이다.

그러나 이대로 물러설 순 없었다. 자존심이 허락하질 않았다. 강하게 항의할 수도 없었다. 교수의 한마디에 실무연수 기회가 통째로 날아갈 수 있는 일촉즉발 위기상황이기 때문이다. 잠시 고민했다. 어떻게 해야만 할까? 소나기는 우선 피해 가자. 교수가 계속 공격을 한다면 맞서지 말고 기다리자. 필자는 어설프게 반격하기보다 상대방이 계속 공격을 하다가 제풀에 지치는 전술을 구사했다. 마치 테니스 경기에서 오랜 랠리 끝에 상대방의 실수를 유도하는 것처럼. 상대방 페이스에 끌려가지만 않으면 된다. 날아오는 공의 방향만 살짝 틀어주는 것이다.

예상대로 교수는 무안을 주는 톤으로 이야기를 했다. 자존심이 상하면, 알아서 물러나라는 뜻이다. 그럴수록 교수의 얼굴을 빤히 바라봤다. 아무 말도 하지 않은 채로. 미국 문화에서는 상당히 당혹스러운 상황이다. 자기표현을 중요시하는 서양 문화에서 묵묵부답은 상대방에게 강한 반감을 산다. 한마디로 말도 섞고 싶지 않다는 강경한 태도로 받아들이는 것이다.

실무연수를 부탁하는 학생이 흔히 취하는 태도는 아니라서 적잖게 당황했을 것이다. 트루보 교수는 서서히 흥분을 하기 시작했다. 계속 묵비권을 행사하자, 교수의 언성은 더더욱 높아져만 갔다. 똑똑똑! 옆 사무실에 있는 금발의 여교수가 찾아왔다. 필자에게는 예상치 않은 지원군이었다. 그녀가 국제프로그램 책임자였기 때문이다. 과연 그녀는 누구의 손을 들어줄 것인가?

"토플 점수는 몇 점인가요?"

여교수는 우리의 대화를 다 듣고 있었다. 그러다가 토론의 주제가 자신의 담당 분야인 외국 유학생의 영어실력으로 바뀌자 적극적으로 개입하기로 한 것이다. 과연 유학생을 많이 지도하는 교수다운 질문이었다. 600점이라고 했더니만 약간 놀라는 표정을 지었다. 그녀가 담당하는 국제프로그램의 토플 커트라인 점수는 570점이라면서 이 정도면 미국인과의 의사소통에 별다른 문제가 없을 거라고 했다. 트루보 교수의 얼굴은 순식간에 일그러졌다. 믿는 도끼에 발등을 찍힌 듯한 표정이었다. 딜메이커라고 믿던 직장동료가 딜브레이커였기 때문이다. 쓸쓸한 현실을 뒤늦게 깨달은 트루보 교수는 회심의 일격을 가했다.

"동양 학생들은 학점관리를 잘하지만, 언어능력이 떨어집니다."

"토플 600점이면 저희 학생 중에서도 상위권입니다."

"미국 최대 로펌인 베이커 앤 맥킨지에 보내기에는 충분하지 않습니다."

"담당 파트너랑 전화 인터뷰를 주선해보시면 어떨까요?"

상당히 논리적인 대안이다. 실무교육을 담당할 로펌 파트너가 인터뷰를 통해서 직접 판단하도록 하자는 말이다. 잠시 동안 트루보 교수는 꼼짝도 안 했다. '휘~익~!' 그러더니 책상 위에 놓인 회전식 명함꽂이를 빠르게 돌리기 시작했다. 담당 파트너 전화번호를 확인한 후, 스피커폰으로 다이얼을 돌렸다. 긴장되는 순간이었다. 과연 로펌 파트너는 뭐라고 말할까?

"지금 회의 중입니다. 메시지를 남겨주시면 연락드리겠습니다. 감사합니다. 뚜우우~~~."

"학생 한 명을 보냅니다. 한번 확인해보시길 바랍니다."

담당 파트너가 회의 중이라 자동응답기에 메시지를 남겼다. 트루보 교수는 노란색 메모지에 파트너의 이름과 전화번호를 써주었다. 그런데 파트너와의 만남은 예상외로 싱거웠다. "당신이군요(It must be you)!"라는 간단한 말과 함께, 다음주부터 실무연수를 시작하자고 했다. 전혀 예상하지 못한 결과였다. 세계 최대의 로펌 파트너가 던질 날카로운 인터뷰 질문을 예상했던 나에게는 오히려 신선한 충격으로 다가왔다. 파트너는 로비 층까지 친절히 배웅해주었다. 시카고 시내가 한눈에 내려다보이는 투명 엘리베이터에서 갑자기 호기심이 발동했다.

"영화 〈필라델피아(Philadelphia)〉를 아시나요?"

"(약간 놀라며) 아, 압니다."

"혹시 보셨나요?"

"바빠서 못 봤습니다."

"베이커 앤 맥킨지 이야기 맞죠?"

갑자기 파트너의 얼굴이 어두워져서 순간 움찔했다. 자신이 근무하는 로펌을 비판적으로 다룬 할리우드 영화를 모를 리가 없기 때문이다. 로펌 내에서는 일종의 '금기어'가 되었을지도 모른다. 괜히 아는 척하려다가 다 된 밥에 재를 뿌린 듯한 느낌이 들었다. 후회막심.

"동부 필라델피아 사무소 이야기라서 자세히는 모릅니다."

파트너의 센스 있는 답변 덕분에 다행히 위기는 모면했다. 가만히 있으면 중간이라도 갈 텐데, 지나친 호기심이 화를 부를 수도 있다. 여담이지만, 협상뿐만 아니라 대인관계에서는 잘 풀린다고 생각할 때 더욱 조심해야 한다. 하산할 때 등산사고가 많이 발생하듯,

긴장을 풀고 이야기를 하다 보면 불필요한 실언을 하게 될 가능성이 높아지기 때문이다.

누누이 말하지만 협상에서는 상대적인 위치가 중요하다. 위치에 따라서 입장이 달라질 수 있기 때문이다. 트루보 교수는 대형 로펌에 도움이 될 만한 우수한 학생을 추천하려 했을 뿐이다. 물론 자신의 주관적인 판단기준에 의해서다. 그런데 로펌 파트너의 입장에서는 교수가 인터뷰를 하라고 하자, 그냥 쓰기로 한 것이다. 아마도 교수가 직접 추천한 학생을 거절하는 것은 도리가 아니라고 판단했을 것이다. 그 둘이 서로의 의중을 제대로 파악하지 못했기 때문에 의외로 수월하게 실무연수를 받을 수 있게 된 것이다.

오히려 처음에는 만만하게 생각했던 교수와의 협상이 예상외로 어려웠다. 필자 혼자서는 교수를 절대 설득하지 못했을 것이다. 왜냐하면 교수는 마치 판결을 마음속으로 정해놓은 판사처럼 이미 자신의 확고한 입장을 세운 뒤였기 때문이다. 외국인 유학생은 결코 대형 로펌에 추천하지 않는다! 대형 로펌 파트너와의 인터뷰는 협상거리도 되지 않았다. 인터뷰는 교수의 선택을 따르는 형식적인 절차에 불과했기 때문이다.

트루보 교수는 자신의 확고한 입장을 정해놓고, 이를 정당화할 이유를 찾고 있었을 뿐이다. '핑계거리'라는 단어가 더 정확한 표현일 것이다. 그런데 외국 유학생이라는 약점을 이용하려다가 오히려 역공을 당한 셈이다. 예상치 못한 중재자의 개입으로 협상은 대반전을 맞이했다. 금발의 여교수는 트루보 교수의 억지 논리를 산산이 깨뜨렸다.

트루보 교수처럼 강경한 협상가와의 협상에서 금발 여교수의 도움은 매우 컸다. 불리한 협상을 유리하게 반전시킬 수 있었던 원동력이 됐다. 불리한 협상에서는 제3자의 '딜메이커' 역할이 상당히 중요하다. 협상 결과를 뒤바꿀 수도 있기 때문이다. 트루보 교수 입장에서는 적군을 아군으로 오인한 셈이 됐다. 내부의 적인 딜브레이커에게 허를 제대로 찔린 것이다. 조직 내부의 적은 협상가 입장에서는 매우 큰 심적 부담이 된다. 반면 상대 측에서 보면 그보다 든든한 지원군도 없다. 협상에서 유리한 고지를 점하고 싶다면 상대방 내부에 있는 딜브레이커를 적극적으로 활용할 필요가 있다. 그곳에 협상 결과 자체를 뒤집을 열쇠가 숨어 있기 때문이다.

### 저 땜에 깨졌어요 | 팀 구성에 심혈을 기울여라

내부의 딜브레이커가 얼마나 위험한지 알았다면, '협상팀을 어떻게 구성할 것인가'가 상당히 중요하다는 것을 깨달았을 것이다. 앞서 설명한 사례처럼 자신이 굳게 믿고 있던 사람의 배신은 가히 치명적이다. 믿는 도끼에 발등을 찍힌 셈이니 말이다. 이런 상황에서는 협상전략을 다시 수립할 수밖에 없다.

트루보 교수가 굳게 믿고 있던 금발 여교수의 한마디가 그의 대응논리를 산산이 깨뜨렸듯 내부의 적은 언제나 파괴력이 크다. 그때문에 내부단속이 중요한 것이다. 그런데 아무리 내부단속을 잘해도 막기 어려운 경우가 있다. 이해관계의 차이 때문에 피치 못할 상황이 발생할 수도 있기 때문이다. 시작할 때는 서로의 딜메이커였지만, 결과적으로 딜브레이커의 운명을 타고나는 경우도 있다.

"변호사님, 저 땜에 깨졌어요."

대형 헤트헌팅사 이사가 갑자기 전화를 했다. 필자는 당시 굴지의 기업과 인터뷰를 무사히 마친 후였다. 해외수출을 주로 하는 제약회사였는데, 법무 담당 이사급 채용이라서 상당히 기대를 하고 있었다. 연봉도 로펌 못지않아 구미가 당기는 자리였다. 그런 상황에서 헤드헌터의 고백은 충격적이었다.

"이사님, 도대체 무슨 말씀이신가요?"

"아! 그게 너무 죄송하게 됐어요."

"인터뷰에서 떨어진 거란 말씀이죠?"

"(말을 잘 잇지 못하며) 네에. 근데…… 말이죠."

"이사님 잘못이 뭐 있나요. 다 제가 부족해서 그런 건데요, 뭐."

"(쿨하게) 안 변호사님, 그게 아니고요."

"그럼 뭔가요?"

"인터뷰는 통과하셨어요."

"네에? 근데 왜 안 된 거죠?"

"연봉협상 단계에서 잘못됐습니다."

"왜죠?"

"아마도 제 소개비가 부담이 된 것 같아요."

헤드헌팅사를 통해서 인터뷰를 여러 번 해봤지만 이런 적은 처음이었다. 인터뷰에 떨어진 적은 있었지만, 헤드헌팅 회사 소개비가 부담이 돼서 떨어지다니! 더욱 놀라운 사실은 소개비의 액수였다. 확인 결과, 연봉의 20~30퍼센트라는데 역대 연봉이라면 적어도 수천만 원이기 때문이다. 반면 내부추천의 경우는 무척 저렴하다. 후보를 추천한 경우, 내부적으로 상여금 형태로 100만 원 정도가 나간다. 수천만 원과 100만 원은 매우 큰 차이다. 물론 수천만 원의 소개비가 아깝지 않은 훌륭한 인재라면 모를까, 한정된 변호사 인재풀에서 도토리 키 재기를 하는 상황이 대부분이기 때문에 이런 소개비도 큰 변수가 될 수 있다는 사실을 뒤늦게 깨달았다. 필자가 만약 헤드헌팅사가 아니라 그 회사의 인맥을 통해 인터뷰를 했다면 아마 다른 결과가 나왔을 것이다. 그런데 협상팀을 구성하는 데 안일했더니 결정적인 순간에 탈이 나고 만 것이다. 헤드헌터로서도 자신의 소개비를 포기할 수 없는 노릇이기에 애초부터 협상팀을 잘못 꾸린 셈이었다.

성공적인 협상을 위해서는 협상팀 구성에도 심혈을 기울여야 한다. 특히 팀원이 많아질 경우, 내부 구성원끼리의 이해관계를 정확히 파악하고 대비책을 미리 준비해두어야 한다. 협상의 세계에서는 영원한 적이 없듯이 영원한 동지도 없다. 변화무쌍한 협상 테이블에서는 내부적인 팀워크 관리가 중요하다. 이런 관리를 소홀히 할 경우, 예상치 못한 내부 문제로 협상 진행 자체가 어려울 수도 있다.

## ［ 설득할 수 없다면 단념시켜라 ］

### 타면서 먹으면 안돼요? | 협상은 포기의 미학

"난 안 내릴 거야!"

네 살짜리 꼬마가 아파트 현관에서 아빠와 실랑이를 벌인다. 꼬마는 집으로 들어가기가 싫다. 놀이터에서 장난감 자동차를 계속 타고 싶기 때문이다. 아빠는 아들이 집에서 저녁밥을 먹기를 원한다. 과연 부자간에 평등한 협상을 할 수 있을까? 어렵다. 아빠는 아들이 타고 있는 장난감 자동차를 통째로 번쩍 들고 집으로 들어갈 수 있기 때문이다. '꽝' 하고 문이 닫히는 순간 협상은 끝난다. 만약 아빠와 아들의 힘이 50 : 50으로 균형을 이룬다면 대치상태로 남아 있을 확률도 있다. 두 사람이 동등한 힘을 가지고 있다면 밤새도록 현관 앞에서 버티고 서 있을지도 모를 노릇이다. 일반적으로 본격적인 협상은 힘의 균형이 깨져야 시작된다.

아버지는 물리적인 힘을 사용하기 전에 아들에게 슬쩍 미끼를 던진다.

"정 그러면 집 안에서 타렴!"

이것이 협상의 묘미이다. 마하트마 간디(Mahatma Gandhi)의 비폭력주의처럼 무력을 사용하지 않고 합의하는 과정이다. 협상에서는 상대방의 동의를 구하는 절차가 중요하다. 아빠의 이 협상안에 꼬마가 문제제기를 할 수는 있지만 아마 심하게 떼를 쓰지는 못할 것이다. 현실적인 대안이 없기 때문이다. 계속 저항을 할 경우, 자동차에 탄 채로 집 안으로 끌려 들어가 엄마의 잔소리까지 들어야 하기 때문이다. 최악의 상황은 피해야 한다. 2 대 1로 싸우긴 더 어렵기 때문이다. 나름대로 협상의 성과라고 볼 수 있다. 아빠는 현관문 안으로 아이를 데려오고, 아들은 계속 자동차를 타는 선에서 타협한 것이다. 하지만 결과적으로 이 둘은 자신이 원하는 본질적인 것을 얻지는 못했다. 아빠에게는 아들 밥 먹이기, 아들에게는 자동차 타기가 궁극적으로 원하는 바였다. 왜 서로 손해를 본 듯한 협상을 한 걸까? 버텨봐야 좋을 게 없다는 것을 알기 때문이다. 양측의 입장이 강경할 경우, 타협의 실마리를 찾기는 힘들다. 버티고 버티다 보면 상대적으로 강한 자가 이길 확률이 높아진다. 약자에게는 버티기 작전이 아니라 현실적인 출구전략이 필요하다. 두 사람 모두를 만족시킬 수 있는 대안은 없을까?

"타면서 먹으면 안 돼?"

협상은 타이밍이다. 마지막 순간에 던지는 한마디는 의외로 큰 효과를 발휘한다. 자세히 따져보면 부자간의 입장이 반드시 대립되는 것은 아니다. 아빠는 아들이 끼니를 거를까 걱정이 된 것이다. 밥만 제대로 먹는다면 다시 놀이터에 데려다줄 수도 있을 것이다. 아들은 놀이터에 돌아가기를 원한다. 만약에 밥을 5분 만에 다 먹을 수 있다면 아무것도 문제가 되지 않을 수도 있다. 그런데 집에 들어가 제대로 밥을 먹으려면 성가신 턱받이도 해야 하고 아기의자에도 낑낑거리며 기어 올라가야 한다. 30분은 족히 걸릴 것이다. 장난감 자동차를 탄 채로 밥을 먹겠다는 아들의 제안을 따르면 2마리 토끼를 모두 잡을 수 있다. 이는 서로의 입장을 반영한 합리적인 절충안으로 볼 수 있다. 서로 조금씩 포기함으로써 서로가 원하는 것을 취할 수 있다. 협상은 '포기의 미학'이다. 물론 맛있는 저녁식사를 준비한 엄마가 협상의 딜브레이커로 개입한다면 새로운 국면으로 전환될 수도 있겠지만.

## 제가 답변할 사항이 아닙니다 | 강약을 조절하라

한미통상협상 회의 참석을 위해서 미국비자를 급히 신청한 적이 있다. 관용여권을 소지한 다른 공무원들은 즉시 발급이 됐는데 일반여권을 가진 필자만 보류됐다. 수소문을 해본 결과, 국내에서 근무한 지가 얼마 되지 않아서 갑근세 등 구비서류 검토가 보류됐다는 것이다. 갑근세는 갑종근로소득세의 준말이다. 근로소득은 갑종과 을종으로 분류되고, 전자는 국내기관으로부터 후자는 외국기관이나 재외 외국인으로부터 받는 급여 등을 말한다.

말이 좋아서 보류지 사실상 거절된 셈이다. 통상협상 시일에 임박해서 출국해야 한다고 미국 대사관 측에 거듭 요청을 했지만, 계속 비자가 나오지 않았다. 미국 대사관 측에서 절충안을 제시했다. 다른 비자 신청자처럼 인터뷰를 통과하면 발급해주겠다는 것이다. 원래 공무상 출장의 경우, 별도의 인터뷰는 필요하지 않다. 마침내, 비자 인터뷰 날짜가 잡혔다. 혹시라도 모를 돌발상황에 대비를 해야만 했다. 면접관이 생트집을 잡아서 비자를 거절하려는 '딜브레이커'일지도 모르기 때문이다.

며칠 고민 끝에 아이디어가 하나 떠올랐다. 이이제이(以夷制夷)! 오랑캐를 써서 다른 오랑캐를 다스린다. 미국 공무원을 써서 다른 미국 공무원을 움직이는 전략이다. 귀국하기 전에 잠깐 인사를 나눴던 미국 무역대표부 담당자의 명함을 이용하기로 했다. 신청서류 맨 위에 미국 무역대표부의 황금색 로고가 선명하게 새겨진 명함을 올려놓았다. 과연 효과가 있을까 반신반의했다. 그런데 의외의 답변이 나왔다.

"He was just here!"

이게 무슨 소리지? 명함의 주인이 서울에 왔었다고. 물론 서울에 온다고 해서 꼭 나에게 연락을 해야 되는 건 아니지만 왠지 모를 섭섭한 마음까지 들었다. 비자 인터뷰 담당직원은 신청서류는 들춰보지도 않고 여권에 비자직인을 쾅 하고 찍었다. 정말이지 신속한 비자승인 절차였다. 인터뷰는 단 한마디의 질문도 없이 싱겁게 끝났다. 면접관은 다행이도 '딜메이커'였다. 미국 대사관 직원은 미국 무역대표부 담당자가 서울에서 나를 만나서 직접 명함을 주고 간 것이라고 생각했던 것 같다. 사실은 내가 워싱턴 D.C 사무실을 방문해서 받은 명함인데 말이다.

결과적으로 미국 공무원 명함의 큰 영향력이 입증됐다. 이것저것 핑계를 찾고 있었던 미국 대사관 직원이 찍소리도 못하는 상황이 연출된 것이다. 그로서는 전혀 예상하지 못한 미국 무역대표부 고위관리의 명함을 내놓았기 때문이다.

사실 미국 대사관 인터뷰 담당자와는 악연이 꽤 많았다. 단 한 번도 조용히 비자를 받아본 적이 없었다. 예를 들면 미국 로스쿨 진학을 위해서 학생비자(F-1)를 신청했을 때 생긴 일이다. 신청서류를 계속 뒤적거리던 직원이 질문을 던졌다. 아마도 대답하기 어려운 질문이라고 나름 생각한 것 같았다.

"로스쿨을 졸업한 후, 미국에서 일할 계획인가요?"

당신은 이 질문에 어떻게 대답할 것인가? 대부분의 신청자는 비자 거절을 우려해서 공손하게 답할지도 모른다. 자존심이 몹시 상했다. 어떤 답변을 해도 꼬투리를 잡을 수 있는 질문이기 때문이다. 취업을 안 할 거라고 하면 그러려면 왜 비싼 미국 로스쿨에 진학하려느냐고 트집을 잡을 수도 있고 반대로 취업을 하겠다고 하면 유학비자로는 취업을 할 수 없다는 등의 잔소리를 할 수 있기 때문이다. 인터뷰 신청자를 골탕 먹이기 좋은 질문일 뿐이고, 실질적인 의미는 거의 없다.

"제가 답변할 수 있는 사항이 아니군요."

"(당황하면서) 왜죠?"

"로펌 취업은 인사담당자 소관이죠. 전 그들의 결정을 따를 뿐입니다."

대사관 직원은 잠시 멍하게 날 쳐다봤다. 그를 설득한 것이 아니고, 단념을 시킨 셈이다. 시간낭비 하지 말라는 확고한 메시지를 보낸 것이다. 어떻게 보면 상대방을 설득하는 것보다 포기시키는 쪽이 더 쉬울 수도 있다. 때로는 '을'의 위치에서도 강경한 태도가 필요하다. 상황에 따른 강약조절이 협상의 성패를 좌우할 수도 있다. 항상 부드럽고 친절하게 다가간다고 해서 모든 문제가 원만하게 해결되지는 않는다. 특히나 협상 상대와 갑을관계에 놓여 있을 때엔 더욱 그렇다.

# 04

# 딜메이커는 논쟁하지 않는다

손해 보는 장사를 하고 싶은 사람은 없다. 손해를 볼 바에야 딜브레이커가 되는 것이 낫다. 그렇기 때문에 협상 초기부터 상대방이 결렬을 위한 딜브레이커인지 그렇지 않은지를 파악하는 능력이 중요하다. 딜브레이커는 논쟁을 좋아한다. 소모적인 논쟁, 논쟁을 위한 논쟁을 벌이기도 한다. 반면, 딜메이커는 불필요한 논쟁을 하지 않는다. 상대방의 약점을 물고 늘어지지도 않는다. 성공적인 협상을 위해서는 파트너와의 교감이 필요하기 때문이다. 또한 합의점에 이르기 위해서는 양측 모두 최소한의 양보가 필요하다. 딜메이커와 딜브레이커는 동전의 양면과 같다. 중요한 점은 이 양면성을 어떻게 활용해 성공적인 협상전략을 구사하는가 하는 것이다.

# [ 토론가는 설득하지 않는다 ]

**미안해, 내가 대신 사과할게!** | 결렬을 위한 협상도 있다

"아저씨, 여기 장난전화 하는 데 아니에요. 자꾸 그러시면 저희 신고해요."

영화 〈더 테러 라이브〉에서 국민 앵커 윤영화(하정우)는 2013년 10월 7일 오전 9시경 한강 폭탄테러범의 전화를 받는다. 처음에는 장난전화로 치부하다가 정말로 마포대교가 폭발한 후, 테러범과의 독점 생중계를 자신의 재기의 발판으로 삼으려고 한다. 마감뉴스 복귀를 조건으로 보도국장과의 물밑협상도 성사된다. 창신동에 사는 박노규라고 밝힌 테러범이 보상금 21억 원과 대통령 사과를 요구하면서 갈등은 최고조에 다다른다.

대통령 대신 경찰청장이 라디오 스튜디오에 출연한다. 손에 들고 온 아들의 사진을 뒤집어서 화면 앞에서 흔든다. 박노규의 신상을 다 파악했으며 아들 보기에 창피하지도 않느냐고 오히려 나무란다. 처음부터 사과할 마음이 전혀 없던 경찰청장은 범인에게 무조건 자수하라고 윽박지른다. 참다못한 테러범은 경찰총장의 귀에 꽂힌 인이어 마이크 폭발 스위치를 누른다.

이 영화에서 경찰청장은 전형적인 딜브레이커다. 테러범과의 협상에서 한 치의 양보도 없이 자신이 하고 싶은 이야기만 계속하다가 참변을 당한다. 성공하는 협상가, 즉 협상의 딜메이커는 경찰청

장처럼 논쟁하지 않는다. 쓸데없이 상대방의 허물을 물고 늘어지지도 않는다.

"미안해, 내가 대신 사과할게!"

영화의 마지막 장면에서 윤영화는 건물 전기 줄에 매달린 테러범의 손을 꽉 붙잡으며 말한다. 테러범은 폭파 스위치를 윤영화에게 넘겨주고 특공대 요원의 총에 저격당한다. 영화 초반부에 자신의 귀에 꽂힌 인이어 마이크가 폭탄이라고 속아서 인질로 잡혀 있을 때와는 다르다. 비록 상대방은 테러범이지만 협상 파트너로서 교감을 이룬 후, 서로의 딜메이커가 된 것이다.

경찰청장 장면에서 궁금한 점이 생겼다. 라디오 스튜디오에 출연한 경찰청장은 박노규의 주민등록등본, 아들 사진 등 상당한 자료를 가지고 있다고 주장한다. 그런데 정작 마지막 부분이 되어서야 박노규가 2년 전에 이미 사망했다는 뉴스속보가 나온다. 정말 경찰청장은 박노규가 죽은 줄도 몰랐을까? 인터넷 검색을 해보니 재미있는 영화평이 있었다. 일종의 음모론이다. 경찰청장은 박노규라는 사람은 이미 죽었고 그 아들이 범인이라는 사실까지 모두 알고 있었다는 주장이다. 아들 사진을 공개하겠다고 심리적으로 압박한 것은 '너의 얼굴을 공개하겠다'는 소리였다. 경찰청장은 딜브레이커로서 의도적으로 범인을 자극해 추가 인질의 살해를 유도한 것인지도 모른다. 그러면 정부는 테러범에게 사과를 하지 않아도 되는 명분을 얻고 대테러 전쟁에서의 승리를 자랑할 수도 있었을 것이다.

테러범과의 협상을 깸으로써 더 큰 뭔가를 얻으려고 했다는 주장이다. 어디까지나 한 관객의 평가일 뿐, 감독이 그렇게 의도한 것인지 아닌지는 알 수 없지만 이 주장처럼 애초부터 결렬을 의도한 협상이 의외로 많다는 사실은 꼭 기억해두기 바란다.

## 엄마 뱃속에서 나왔다 | 절반을 양보하고 절반을 얻어라

벌써 한참이나 지난 이야기지만 2010년 6월 12일은 남아공 월드컵 1차전 그리스전 경기일이었다. 경기종료 후, 인터넷 실시간 검색어에 '차두리 로봇설', '차미네이터' 등의 단어가 갑자기 올라왔다. 며칠 후에는 '극비'로 표시된 차두리 설계도까지 공개되었다. 자신보다 몸집이 큰 유럽 선수들을 힘과 스피드로 제압하는 늠름한 모습에 감탄한 네티즌들이 만들어낸 이야기다. 로봇처럼 강하고 빠르다는 의미로, 운동선수에게는 극찬이다. 구체적인 주장은 아래와 같다.


1. 그의 어린 시절을 제대로 아는 사람이 없다

2. 고되고 힘든 훈련 속에서도 혼자 웃고 있다

3. 그가 볼을 잡으면 차범근이 조용해진다

4. 유니폼 뒷면에 새겨진 이니셜 'DR Cha'는 사실 'Dr. Cha'다

5. 등번호 11번이 콘센트 구멍인데, 백넘버로 위장해놓았다

6. 머리가 자라지 않는다

자세히 읽어보면 나름대로 논리적인 면이 있다. 첫 번째 주장의 경우, 차두리가 어린 시절 독일에서 주로 생활해서 국내 언론에 알려진 바가 거의 없기 때문이다. 두 번째 주장은 항상 웃고 있다는 점에서 착안한 것이다. 실제로 공식석상 또는 훈련 중에 힘들어하는 표정이 찍힌 사진은 찾기 어렵다. 누리꾼들은 그의 얼굴이 '스크린세이버'라는 주장도 했다. 세 번째 주장이 가장 흥미롭다. 차두리 선수가 월드컵 경기를 뛰는 것을 본 차범근 해설위원은 상당히 긴장해 있었다. 그도 어쩔 수 없는 아빠인 것이다. 아들이 공을 잡기만 하면 말을 제대로 잇지도 못했다. 평상시의 차분한 모습과는 완전히 딴판이다. 이를 본 네티즌들은 차범근이 차두리를 리모콘으로 원격조정 한다고 주장했다.

네 번째는 차두리 로봇, 즉 차미네이터를 만든 사람이 바로 차범근 박사라는 주장이다. 다섯 번째는 사실과 다르다. 등번호가 11번이라고 주장했으나, 실제 그의 국가대표 등번호는 22번이다. 이 사실이 알려지자 새로운 주장이 나왔다. 11번에서 22번으로 바꿨으며 사용전압을 110V에서 220V로 업그레이드했기 때문이라는 주장이다. 여섯 번째는 차두리 선수의 경기 징크스에서 유래했다. 모든 경기에 차두리 선수는 전 프랑스 축구 대표선수 지네딘 지단(Zinedine Zidane)처럼 완전히 머리를 밀고 출전한다. 경기 전날 밤에는 항상 화장실에 들어가서 꼼꼼히 '셀프 삭발'을 한다고 알려졌다. 대부분의 운동선수들은 자기만의 징크스를 가지고 있다. 한국 최초의 메이저리거렸던 박찬호 선수는 자주 수염을 덥수룩하게 길은 것으로 유명하다.

'차두리 로봇설'에 대해서 정작 본인은 겸허하게 대응했다. 이틀 뒤 기자 인터뷰에서 관련 사실을 전면 부인했다. 예견된 수순이었다. "저는 로봇이 아닙니다. 엄마 뱃속에서 나왔는데 당연히 아닙니다." 다음 날 차범근 해설위원도 인터뷰를 통해서 측면지원을 했다. "일급비밀입니다. 많이 알면 다칩니다. 로봇 아빠는 상관없지만 로봇 엄마가 비밀에 부치고 싶어합니다. 이해해주세요. 로봇 가족 중에서 엄마 힘이 제일 셉니다."

네티즌과 차두리 측의 주장은 첨예하게 대립한다. 핵심 쟁점은 양측 모두 순도 100퍼센트를 고집한다는 것이다. 네티즌은 차두리가 100퍼센트 로봇이라고 주장하는 반면, 차두리 일가는 그가 100퍼센트 인간이라고 주장한다. 100퍼센트 인간과 100퍼센트 로봇은 양립할 수 없다. 둘 중 하나는 거짓이 되고 말기 때문이다. 각기 다른 주장이 합의점을 찾지 못할 때 우리는 '평행선을 그린다'는 표현을 쓴다. 두 주장이 평행선을 그려서 합의점을 찾지 못할 경우, 협상은 결렬되고 만다. 만약 합의점을 찾는다면 협상은 극적으로 타결될 수도 있다. 어떻게 하면 양측이 받아들일 수 있는 합의점을 찾을 수 있을까? 답은 간단했다.

"차두리는 사이보그다?"

인터넷에 '유출된' 차두리 설계도에서 사이보그 아이디어를 얻을 수 있었다. 투시도 형태로 차두리의 좌반신은 기계, 우반신은 인간인 사이보그 차두리가 탄생한 것이다. 물론 이는 100퍼센트 로봇 대 100퍼센트 인간이라는 타협 없는 주장에 돌파구를 마련하기 위해 논리적인 상상력을 발휘한 것뿐이다. 차두리 선수를 영화 〈아이로봇〉의 주인공 시카고 경찰 델 스프너(윌 스미스)처럼 실제로 사이보그로 만들자는 이야기는 아니다. 차두리 선수의 출생을 둘러싼 두 가지 상반된 주장을 모두 수용할 수 있는 논리적인 대안인 것이다. 양측이 서로 순도 100퍼센트만을 주장하는 입장에서 반반씩 양보하면 된다. 차두리 선수 일가와 네티즌이 서로 몸 절반씩만 포기하면 된다.

차두리 선수를 둘러싼 이러한 주장은 해프닝에 불과하지만, 현실에서도 서로의 의견만을 100퍼센트 관철시키기 위해 평행선을 그리는 경우가 수도 없이 발생한다. 그렇지만 그렇게 해서는 둘 다 아무것도 얻을 수 없다. 절반을 얻기 위해서는 절반을 포기해야 하는 것, 그것이 바로 협상의 묘미다. 전부를 얻을 수 없다면 절반이라도 얻어야 하지 않겠는가? 합의점에 이르기 위해서는 양측 모두 최소한의 양보가 필요하다.

# [ 타결의지가 중요하다 ]

**싫음 걍 굶든가!** | '을'에게는 현실적인 출구전략이 필요하다

성공적인 협상가, 즉 '딜메이커'는 토의를 잘하는 사람이다. 토의 능력이란 자신과 상대방의 의견을 반영해서 절충안을 제시하는 능력을 의미한다. 흔히들 토의 능력이 있다고 하면 현란하게 말을 잘한다거나, 아는 것이 많아서 어려운 말로 상대방을 꼼짝 못하게 만드는 것을 생각하는데 진짜 토의 능력이란 그런 것이 아니다. 오히려 새로운 것을 만들어내는 창조적인 마인드에 가깝다.

TV 토론 프로그램처럼 상대방의 주장을 서로 공격하는 토론 환경에서는 대안제시 자체가 어렵다. 양측 출연자 모두 딜브레이커의 역할을 하기 때문이다. 우호적인 토의 환경에서는 서로 자기가 잘났다고, 서로 자기가 옳다고 주장할 것이 아니라 서로의 입장을 이해하고 대안을 제시해야 한다. 협상은 합의점에 이르기 위한 토의 과정이다. 절충안은 플랜 A와 플랜 B로 나눌 수 있는데, 플랜 A는 협상을 타결할 수 있는 범위 내에서 가장 많은 것을 얻을 수 있는 제안이고 플랜 B는 협상타결이라는 목적을 달성하기 위해서 얻어야만 하는 최소한이다. 경우에 따라서 이 둘의 차이가 상당히 클 수도 있고, 아니면 거의 없을 수도 있다.

플랜 A와 플랜 B는 우선순위에 따라 그 차이가 갈린다. 자신의 입장에서 상대적으로 유리한 경우는 플랜 A, 불리한 경우는 플랜 B가

된다. 핵심은 상대적인 가치이다. 플랜 A와 플랜 B 모두 협상을 타결하기 위한 절충안이지만, 어떤 것을 선택하느냐에 따라 얼마나 많은 것을 얻을 수 있는가가 결정되고 협상의 성패까지 좌우된다.

절충안을 제시할 때는 서로의 타결의지가 중요하다. 만약 우리 측의 타결의지가 약하다면 플랜 A로 협상이 타결될 수 있다. 협상이 타결돼도 그만, 안 돼도 그만이라는 마음가짐이라면 상대방이 더 많이 양보할 수 있기 때문이다. '조삼모사'라는 고사성어가 있다. 춘추전국시대 때 송나라 사람 저공은 원숭이를 많이 길렀는데, 먹이가 부족하자 원숭이들에게 말했다. "앞으로는 너희들에게 주는 도토리를 아침에 3개, 저녁에 4개로 제한하겠다." 원숭이들은 버럭 화를 내면서, 아침에 3개를 먹고는 배가 고파 하루 종일 못 견딘다고 불평했다. 그러자 저공은 이렇게 말한다. "그럼 아침에 4개를 주고 저녁에 3개를 주겠다." 저공이 이렇게 제안했더니 원숭이들이 좋아하였다는 이야기다. 이 고사성어에서 착안해 만든 두 컷짜리 만화 패러디가 있다. 첫 번째 컷에서는 주인의 일방적인 제안과 성난 원숭이들의 야유 섞인 집단반발이 그려진다. 그런데 두 번째 컷에서는 극적 반전이 등장한다. 원숭이 대표가 고개를 돌린 주인의 어깨에 손을 얹으며 웃는다.

"예전부터 꼭 그렇게 먹어보고 싶었습니다."

양측의 타결의지에 따라서 전략도 달라진다. 만약 한쪽에서만 강한 타결의지를 갖는다면 어떤 결과가 나올까? 타결의지가 약한 쪽이 쉽게 결렬을 선언할 것이다. '조삼모사' 패러디가 바로 그 예다. 원래의 이야기와 달리 주인은 딜브레이커로 금방 '싫음 말고' 식의 결렬을 선언한다. 사실 주인으로서는 아쉬울 게 하나도 없기 때문이다. 원숭이들이 새로운 방식을 받아들이든 말든, 주인이 주는 대로 먹을 수밖에 없다는 것을 너무나 잘 알고 있는 것이다. 갑작스러운 결렬 통보에 당황한 원숭이는 주인의 어깨를 붙잡으면서 매달린다. 타결의지의 불균형이 낳은 결과이다. 주인의 플랜 A는 아침에 3개, 저녁에 4개, 총 7개를 주는 것이고, 플랜 B는 아예 아무것도 안 주는 것이다. 한편 원숭이의 플랜 A는 도토리 무한 리필이고, 플랜 B는 아침에 3개, 저녁에 4개를 준다는 주인의 제안을 그대로 수용하는 것이다. 양측 모두 강경한 입장을 고수할 경우, 타결의지가 강한 측에서 보다 많은 것을 양보해야 타결이 가능하다. 목마른 자가 우물을 파듯이, 배고픈 원숭이가 도토리를 달라고 부탁해야 한다. '을'의 위치에 있는 원숭이가 처음부터 너무 강경노선을 취한 것이 전략적인 실수였다. 강경한 답변을 들은 주인은 최후의 일격을 날린다.

"싫음 걍 굶든가!"

원숭이의 플랜 A는 협상타결, 즉 하루에 총 7개라도 얻어먹는 것으로 급선회했다. 삐친 주인이 도토리 값 인상을 빌미로 아예 주지 않는다면, 최악의 집단아사 사태가 벌어질 수 있기 때문이다. '조삼모사' 패러디의 원숭이 입장처럼 만약 플랜 A가 협상타결일 경우,

플랜 B는 사실상 존재하지 않는다. 그냥 상대 측에서 제시하는 대로 끌려갈 수밖에 없는 상황이다. 만약 한쪽의 플랜 A가 협상결렬이라면 상대 측은 시간만 낭비하는 꼴이 된다. 이럴 경우에는 신속히 상황파악을 한 후, 현실적인 출구전략을 모색해야 한다. 그런데 문제는 마땅한 출국전략이 없을 경우이다. 그럴 때는 어쩔 수 없이 상대방이 원하는 대로 질질 끌려갈 수도 있다.

### 이촌동 사시지 않나요? | 상대방의 성향을 파악한 후 협상전략을 짜라

KBS 개그콘서트 '황해' 코너는 보이스피싱 사례를 희화해 시청자들에게 큰 인기를 끌었다. "고객님 많이 당황하셨어요?" 등 재미있는 유행어를 만들기도 했다. 보이스피싱을 협상이라고 가정해보자. 보이스피싱 사기단은 피해자의 금융정보를 입수하기 위해 다양한 수법을 동원한다. 대상자가 보이스피싱인 줄 알아채면, 흔히들 짜증을 내며 전화를 끊는다. 이런 전화를 받았을 경우 협상전략 차원에서 보면 두 가지의 선택이 있다. 플랜 A는 전화를 최대한 오래 끌어서 국제요금 폭탄을 선물하는 것이다. 나름 범죄억제 효과도 기대할 수 있다. 플랜 B는 보이스피싱이라는 사실을 인지한 즉시 전화를 끊어버리는 것이다. 이럴 경우, 제2, 제3의 선의의 피해자가 생길 수 있으니 근본적인 해결책은 아니다.

어느 금요일 오후 5시 무렵, 처음 보는 번호로 전화 한 통이 걸려왔다. 발신자번호 끝자리가 '1113'이었다. '이게 뭐지?' 어쩐지 예사

롭지 않은 느낌이 들었다.

"안준성 씨 맞습니까?"

"네. 누구시죠?"

"영등포 경찰서 ○○○ 경위입니다."

"무슨 일이시죠?"

"혹시 광주에 사는 박창선이라는 사람을 아시나요?"

"아뇨. 저는 광주에 아는 사람이 한 사람도 없는데요."

"……."

"용산구 이촌동 사시지 않나요?"

갑자기 이상한 생각이 들었다. 난생처음 들어보는 사람을 아냐고 다짜고짜 캐묻질 않나, 몇 년 전에 이사한 전 주소를 들먹이지 않나. 뭔가 앞뒤가 안 맞는 듯했다. 경찰이 내 현 주소지를 잘못 알고 있다니? 신원조회를 하면 금방 알 수 있을 텐데.

'보이스피싱이구나! 사람 잘못 골랐네.'

시간이 금인 국제전화 사기범들의 소중한 시간을 허비해주기로 마음을 먹었다. 마치 보이스피싱에 설득돼가는 것처럼 시늉을 해보기로 했다. '한번 같이 박자 좀 맞춰볼까?' 국제 사기범들은 나를 설득하려고 장장 30분 이상을 헛수고했다. 그러고는 내 반응이 시큰둥하자 갑자기 겁을 주기 시작했다.

"박창선이 당신의 이름으로 농협 계좌를 열어서 돈세탁을 한 정황이 포착됐습니다. 관련 내용에 대한 조사를 받으셔야 합니다."

"네에?! 어떻게 제 계좌정보를 알았을까요?"

"농협 계좌 있으시죠?"

두 번째 스트라이크였다. 난 항상 한 은행과만 거래를 하기 때문이다. 농협 계좌를 연 적은 단 한 번도 없다. 재미있게 놀아보기로 했다. 들었다 놨다 전략이다.

"근데, 전 ○○은행만 쓰는데요!"

이쯤 되자 보이스피싱 사기단은 버거워하기 시작했다. 자신이 미리 준비했던 예상 시나리오에 잘 맞지 않는 대상자에게 전화를 했기 때문이다. 주소도 틀리고, 은행도 틀리고. 개그콘서트 '황해'의 유행어 "고객님, 많이 당황하셨어요?"가 나올 때가 됐다. 더 이상 내놓을 협박카드가 없다고 느낀 듯 마지막 일격을 가한다.

"맞습니다. ○○은행에 차명계좌를 열어서 자금세탁을 했습니다."

"아까는 농협이라고 말씀하셨잖아요?"

"(말을 더듬으면서) 다른 피해자 정보와 헷갈렸습니다."

"이번엔 확실한 거죠?"

"네. 관련 조사를 위해서 영등포 경찰서로 와주셔야겠습니다."

"금요일 오후라서 길이 막혀서 힘들 것 같습니다. 내일 가도 될까요?"

"바쁘시면 전화로 하시는 방법도 있습니다."

"정말요? 경찰서에 직접 안 가도 되나요?"

"(갑자기 친절하게) 네. 바쁘신 분들은 전화조사도 많이들 받으십니다."

드디어 보이스피싱 사기단이 원하는 부분에 도착했다는 느낌이 왔다. 처음부터 바빠서 갈 수 없는 상황을 설정한 후, 계좌정보를 빼내려는 속셈인 듯했다. 금요일 오후 5시경에 서울 도심의 경찰서로 출두하려는 사람은 거의 없기 때문이다. 지방에 와 있어서 당장 찾아갈 수는 없다고 하자 갑자기 목소리가 밝아졌다. 은근히 전화조사로 몰아가는 분위기였다. 사기단은 드디어 목적달성의 순간에 도달했다고 생각했을 것이다.

"근데, 오늘 몇 시까지 근무하시죠?"

"(당황하며) 느, 늦게까지 근무합니다."

보이스피싱 매뉴얼에는 안 나오는 말이 분명했다. 몇 시까지 근무를 하는지 물었는데, 답변은 '늦게까지'로 왔다. 구체적인 시간을 제시할 경우, 그 시간에 맞춰서 찾아갈 수 있기 때문에 회피한 것이다. 절대 전화를 먼저 끊게 해서는 안 된다. 최대한 시간을 끌자. 시간이 금이다. 질문을 바꿔서 접근했다.

"몇 시까지 가면 될까요?"

"늦게 오셔도 됩니다."

"10시쯤도 괜찮나요?"

"아……, 네……."

"아까 영등포 경찰서 누구시라고 했죠?"

"○○○ 경위입니다."

"지금 운전 중 입니다. 전화 주신 담당자 성함과 직통번호를 문자로 찍어주세요."

문자는 결국 오지 않았다. 확인 결과, 영등포 경찰서는 1113으로 끝나는 전화번호를 사용하지도 않았다. 보이스피싱 전담부서인 지능수사팀에 문의했더니 해외에서 걸려온 전화라서 위치추적은 불가능하다고 했다. 시민들이 주의하는 수밖에 없다고 덧붙였다. 심지어 경찰청에까지 보이스피싱 전화가 온다고 너스레를 떨기까지 했다.

남을 속인다는 게 그렇게 쉬운 일이 아니다. 보이스피싱 사례처럼 목표 대상이 그 사실을 먼저 간파하고 딜브레이커가 되어서 설득을 당하는 척할 수도 있기 때문이다. 결정적인 순간, 계좌정보를 알려달라고 할 때 쏙 빠져나가는 기술까지 갖췄다면 속수무책일 수밖에 없다. 협상도 비슷한 측면이 있다. 어느 한쪽이 타결을 원하지 않는 딜브레이커라면, 협상타결은 어려워진다. 보이스피싱 사기단이 자신들이 원하는 방향으로 유도해서 계좌정보를 입수하려고 하지만 종종 노련한 시민들에게 덜미를 잡히는 경우처럼 말이다.

협상 초기에 파트너의 성향을 신속하게 파악해야 한다. 그것이 협상의 성패를 좌우한다. 만약 상대방에게 딜브레이커 성향이 강하다면 일정 부분 손해를 보더라도 딜을 빨리 정리하는 편이 낫다. 어떻게 상대방이 딜브레이커인지를 파악할 수 있을까? 상대방에게 핑계거리를 제공하는 방법이 있다. 협상을 파기할 수 있는 대의명분을 제시하는 것이다. 물고기가 떡밥을 물 듯 덥석 문다면 딜브레이커라고 보면 된다. 물론 당신 역시 딜브레이커라면 갈 때까지 가는 것이 전략적으로 유리하다. 상대방의 약점 또는 실수를 기다렸다가 핑계를 대고 협상장을 뛰쳐나오면 된다.

### 그냥 하는 척하는 거야! | 딜메이커와 딜브레이커는 동전의 양면

2004년 당시 외교통상부는 두 건의 FTA 협상을 진행하고 있었다. 홀짝제로 일본 및 싱가포르 정부와의 협상일정을 조율했다. 홀수 달은 싱가포르, 짝수 달은 일본 정부와 통상협상을 진행했다. 매달 국가별 협상라운드가 진행되어 분주했다. 일본과의 1차 협상은 2003년 12월에 서울에서 개최됐다. 2004년 6월 동경에서 개최된 4차 협상 중에 생긴 일이다. FTA는 양자협상으로 '홈 앤 어웨이(home & away)' 방식으로 진행된다. 야구경기처럼 양국에서 번갈아 회의를 개최하는 것이다. 협상 하루 전날, 노파심에 일본 정부 담당자에게 국제전화를 걸었다.

"모시모시! 총무성입니다."

"곤니찌와! 나까무라 과장님 계신가요?"

"(영어를 듣고 약간 당황한 목소리로) 아, 아니요. 지금 회의 중이십니다. 누구시죠?"

"한국 정보통신부의 안준성입니다. 내일 FTA 협상에 참석하실 예정 맞지요?"

"하이!"

"요청 하나 해도 될까요?"

"뭔가요?"

"일본 '전자상거래법' 영문본을 가져다주실 수 있을까요?"

"네. 그렇게 전해드리겠습니다."

"성함이 어떻게 되시죠?"

"국제협력과 스즈키입니다."

다음 날, 협상 테이블에서 일본 대표단을 만났다. 별도의 이름표가 없어서 협상 시작 전에 나까무라 과장을 찾기는 쉽지 않았다. 서울에서 김 서방 찾는 느낌이랄까. 잠시 후, 양국 대표 간의 상견례가 있었다. 양국 대표는 각자 구성원을 호명했고, 호명된 사람은 제각각 인사를 했다.

"총무성 나까무라 과장입니다."

바로 저 친구였군. 마침내 협상 파트너의 얼굴을 확인했다. 양측 인사가 끝나고 협상을 시작하려는 순간 우리 측 협상대표가 자리에서 벌떡 일어났다.

"오늘 협상은 일본 측의 요청으로 순차통역을 하기로 했습니다."

순간 너무 당황했다. 일본 대표가 영어를 잘 못해서 순차통역을 쓴다고? 국제협상에서 순차통역을 쓴 적은 그때가 처음이자 마지막이었다. 순차통역을 안 쓰는 이유는 뭘까? 우선 경제, 산업, 법률

등 모든 분야를 두루 섭렵한 통역사를 찾기 어렵다. 또한 메시지 전달속도가 상당히 처진다. 이야기가 길어질 경우에는 대답할 내용을 몽땅 까먹는 불상사가 생기기도 한다. 고육지책으로 다음에 할 말을 미리 종이에 적어놓고 준비했다. 여기에도 문제가 있다. 상대방이 예상답변과 다른 말을 할 경우에는 부랴부랴 질문 내용을 수정해야 한다. 한마디로 집중력이 떨어지는 협상방식이다.

설상가상으로 나까무라 과장은 일본 '전자상거래법' 영문본을 가지고 오지도 않았다. 스즈키라는 여직원 이름까지 말해도 금시초문이라는 표정으로 일관했다. 준비가 전혀 안 된 일본 정부 참석자들은 계속 딴소리만 하고 자료를 보내주면 검토하겠다는 둥 성의 없는 행동을 계속했다.

다음 날 아침, 동경 시내의 호텔 로비에서 우연히 대학 선배를 만났다. 경제학을 전공한 선배는 다른 부처의 자문으로 일본을 방문한 참이었다. 답답한 마음으로 선배에게 한일 FTA 타결전망에 대해서 물었다. 답변은 의외였다.

"처음부터 안 되는 거였어!"

"네에? 그게 무슨 말씀인가요?"

"일본은 지리적으로 너무 가까워서 파급효과가 크지."

"그렇군요."

"첫 번째 파트너가 누군지 알지?"

"지구 반대편에 있는 칠레죠!"

"맞아! FTA의 부작용을 최소화하기 위한 전략적 선택이었지."

"그래서 일본과의 FTA가 힘든 거군요."

"게다가 일본은 우리와 산업구조가 너무 비슷해."

"최악의 조합이군요."

"그렇지. 한일 FTA가 힘들다는 사실은 양국 정부 모두 정확히 알고 있어."

"그런데, 우리는 왜 협상하러 온 건가요?"

"그냥 하는 척하는 거야!"

두 달 후 8월, 경주 보문단지에서 열린 5차 협상 분위기는 사뭇 달랐다. 일본 협상대표단이 전격 교체됐다는 후문이 들려왔다. 그 무렵 미국 워싱턴 D.C에서 친하게 지냈던 일본 친구 노무라에게서 이메일이 도착했다. 경주 협상부터 자신이 일본 총무성 대표로 참석한다는 것이었다. 대화가 통하는 협상 파트너를 만난다는 것은 상당한 호재이다. 최소한 커뮤니케이션 문제가 발생할 확률은 낮아지기 때문이다.

'사요나라, 나까무라!'

협상장에서 본 일본 수석대표의 영어실력은 단연 압권이었다. 미국도 영국도 아닌 유럽식 고급 영어를 자유자재로 구사하는 모습이 놀라웠다. 지난번 수석대표의 어색한 일본식 영어발음인 재플리시(Japlish)와는 확실히 달랐다. 수소문을 해본 결과, 일본 총리실에서 지시사항이 하달됐다고 했다. 한국 정부와의 FTA에 박차를 가하라고. 그래서 제네바에 상주하는 WTO 협상팀으로 전격 교체가 된 것이었다. 총무성 대표로 왔던 친구도 WTO 전담팀 업무를 맡다가 긴급발령을 받았다고 했다. 협상 테이블에 참석한 모든 일본 대표는 눈을 크게 부릅뜨고 열심히 경청했다. 결전을 코앞에 둔 사무라이의 비장함까지 느껴졌다.

"준, 우리 같이 앉을까요?"

"물론이죠."

"제 직장 후배들을 소개할게요. 왼쪽은 켄지, 오른쪽은 세이지입니다."

일본 총무성 대표로 참석한 노무라 일행과 점심식사를 같이 했다. 몇 년 동안 잘 알던 사이라서 테이블 분위기는 무르익어갔다. 오래된 친구와 만나서 회포를 푸는 느낌이었다. 갑자기 진지한 목소리 톤으로 노무라가 물었다.

"놀라운 사실 하나 알려드릴까요?"

"(순간 긴장하며) 뭐, 뭔데요?"

"지금 호텔 식당에 총 몇 명쯤 있는 줄 아시나요?"

"음……, 우리 측이 약 100여 명이고, 일본 측도 비슷하니깐 200명 정도 아닐까요?"

"아마도 그럴 겁니다. 한 테이블에 4명씩 앉는다면 약 50테이블쯤 되겠지요. 그런데 우리 테이블이 유일한 거 아시나요?"

"뭐가요?"

"양국 대표가 한 테이블에서 같이 식사를 하는 거요."

노무라의 말이 끝나자마자 주위를 둘러보았다. 정말로 모든 테이블은 국가별로 식사를 하고 있었다. 같은 부서 사람들끼리 삼삼오오 이야기를 나누고 있었다. 노무라의 관찰력은 놀라울 정도로 날카로웠다. 이런 현상이 협상타결에는 어떤 영향을 줄지 궁금해졌다. 한일 양국 대표들은 협상 중에 업무적인 관계만을 유지할 뿐 그이상도 이하도 아니었다. 순수한 업무관계이다. 비즈니스가 끝나면 관계 역시 바로 사라진다. 어쩌면 식당 내의 풍경은 한일협상 결말의 예측도였는지도 모른다. 양국 대표 모두 이 협상의 결말을 부지불식간에 예측하고 있던 것은 아니었을까?

2004년 11월 6차 협상 후, 일본 정부의 입장이 다시 바뀌었다. 다시 협상타결에 관심이 없어진 것이다. 2005년 타결을 목표로 했던 한일 FTA 협상은 결국 중단됐다. 대학 선배의 말이 옳았다. 한일 양국 모두 그냥 하는 시늉만 한 셈이다. 양측은 서로 입이라도 맞춘 듯 동시에 상대방에게 실패의 책임을 전가했다. 양자협상이란 양측이 모두 합의해야 성사가 된다. 대학 선배가 알려준 대로 한일 FTA는 처음부터 성사되기 힘들었다. 서로 비슷한 산업구조를 가지고 있기 때문에 득보다는 실이 많을 것이라는 계산이 저변에 깔려 있었기 때문이다. 결렬을 위한 협상의 전형적인 사례로 볼 수 있다. 협상을 해나가는 과정에서 끊임없이 득과 실을 저울질했고, 결국에는 협상을 타결해봐야 그리 큰 이득은 없을 것이라는 결론을 내리고 딜브레이커 쪽으로 방향을 정한 것이다.

딜메이커의 개념은 상대적이다. 수차례 공식입장을 번복한 일본 정부의 협상단처럼, 딜브레이커와의 경계가 모호할 때도 많다. 딜메이커가 될 것인지, 아니면 딜브레이커가 될 것인지, 둘 중에 어떤 것이 유리한지 전략적 판단을 내리기 때문이다. 원칙적으로 누구나 손해 보는 장사는 하지 않는다. 손해를 보는 것보다야 딜브레이커가 되는 것이 낫다. 딜메이커와 딜브레이커는 이렇게 동전의 양면과 같다. 중요한 점은 '이러한 양면성을 적절히 활용해서 어떻게 가장 성공적인 협상전략을 구사할 것인가'이다. 이어지는 3장에서 성공하는 딜메이커의 협상전략을 '리걸 마인드' 관점에서 자세히 설명하도록 하겠다.

Part

# 악마는
# 디테일에 숨어 있다

DEALMAKERS BEYOND NEGOTIATION

## 성공하는 딜메이커는
## 리걸 마인드를 활용한다

협상의 딜메이커로 성공하려면 팩트에 근거하는 논리를 펼쳐야 한다. '악마는 디테일에 숨어 있다(Devil is in the details)'는 영어속담처럼 첨예한 대립관계에 놓일 경우, 쟁점사항에 대한 면밀한 분석이 중요하다. 또한 협상은 상대성 게임이라는 점도 간과해서는 안 된다. 특히 갑을관계에서의 협상의 경우, 자신뿐만 아니라 상대방의 입장과 관점에 대한 객관적인 검토가 중요하다. 상대방이 수용할 수 있는 카드인지를 협상 전략 수립 초기부터 일일이 확인해야 하기 때문이다. 특정 사실 또는 주장에 집착할 경우, 오히려 자신의 신뢰도만 떨어뜨리는 부작용이 생길 수도 있다.

# 05

# 최고의 해결사는 팩트를 활용한다

첨예한 이해상충이 벌어지는 협상 테이블에서는 디테일에 주의할 필요가 있다. 자신에게 불리한 이야기를 감추려다가 들통이 날 경우, 더 큰 손실을 볼 수도 있다. 은폐 진위여부와 관계없이 일단 그런 이야기가 돌면 제3자들은 부정적인 견해를 가질 수 있기 때문이다. 중요한 사실을 알려주지 않는 전략은 자신이 원하는 쪽으로 서서히 몰아가고자 할 때 사용하고, 불리한 이야기를 감추는 전략은 얻을 것이 없거나 미비할 경우 방어적으로 사용한다. 그렇기 때문에 상대방이 그러한 전략을 쓴다고 판단되면 아무리 사소한 사항일지라도 사실관계를 직접 확인해보는 것이 좋다. 돌다리도 두드려본다는 태도가 필요하다. 또한 협상에는 양면성이 존재한다. 겉으로 보이는 명분과 내적 실리가 있다. 성공하는 협상가는 명분과 실리를 큰 틀에서 하나로 아우르는 상호균형을 추구한다.


# [ 디테일은 힘이 세다 ]


### 3일치 예약하셨죠? | 공개와 은폐의 법칙

"원무 팀에서 수납하시면 됩니다."

"몇 층인가요?"

"1층으로 내려가시면 됩니다."

"1층이요?"

"네!"

"정정사항이 있으니 원무과 창구로 직접 가세요."

종합병원 진료를 마친 후, 담당 간호사가 말했다. 덕분에 같은 층에 있는 자동수납기를 사용할 수 없었다. 번호표를 뽑은 후, 대기실에서 TV를 보면서 잠시 기다렸다. 딩동! 벨소리와 함께 필자의 대기번호가 전광판에 떠올랐다. 그런데 담당 직원의 질문이 의외였다.

"지난번에 3일치를 한꺼번에 예약하셨죠?"

"네! 혹시 할인되나요?"

"아니요. 2천 원을 더 내셔야 합니다."

"왜죠?"

"(말을 더듬으면서) 하루에 천 원씩 '진찰실 사용료'가 추가되거든요."

수납실 직원의 말을 듣고 명세서를 자세히 보니 정말 '진찰실 사용료'라는 별도의 항목이 있었다. 일반인들에게는 개념조차 생소하다. 병원에 가서 의사를 만나면 '진찰료'를 내고, 거기에 덧붙여 진찰실을 사용하는 일종의 '자릿값'을 별도로 내는 것이다. 또 명세서에 워낙 여러 가지 세부사항이 있다 보니 꼼꼼히 읽어보지 않으면 간과하기 일쑤다. 바로 그 점을 이용한 상술이다. 사실 은폐는 아니지만 찾기 어렵게 만드는 것이다. 그런 숨겨진 뜻도 모르고 필자는 3일치를 한꺼번에 예약했으니 진료비를 할인해줄 것이라고 오판했다. 투 플러스 원(2+1). 대형마트에서 주방세제를 2개 사면 1개를 덤으로 주는 계산법이다. 그런데 직원의 생각은 전혀 달랐다. '진찰료'에 진찰실 사용료를 일별로 추가 납부해야 한다는 것이다. 물론 100퍼센트 본인 부담으로.

문제는 추가비용 발생 여부 또는 액수가 아니다. 병원 직원이 자신들에게 다소 불리할 수 있는 사실을 감추려고 했다는 의혹이 들었다. 의료기관이 너무 상업성을 지향한다는 이야기를 들을까 봐 우려한 것일까? 진찰료는 매번 별도로 내는데, 거기에 숨은 자릿세가 있었다니! 갑자기 신문에서 의료비 과잉청구 사건 기사를 읽은 기억이 떠올라서 씁쓸했다. 단가는 천 원이지만, 그게 천 건이면 백만 원, 만 건이면 천만 원으로 기하급수적으로 증가한다. 병원 입장에서는 민감한 부분이다. 작은 것을 탐하다가 큰 것을 잃는 소탐대실이 될 수도 있기 때문이다. 여론의 질타를 받기 쉬운 영업 행태이기도 하다.

보호본능이라고 할까? 일반적으로 사람들은 자신에게 불리한 부분은 자세히 설명하기 싫어한다. 만에 하나 자신에게 돌아올 수 있는 불이익을 피하기 위해서이다. 또한 좋지 않은 소문이 업계에 돌 경우, 사실 여부와 관계없이 '아님 말고 식'의 마녀사냥으로 피해를 볼 수도 있기 때문이다.

서로 첨예한 이해상충이 벌어지는 협상 테이블에서도 비슷한 일이 종종 벌어진다. 그럴 경우에는 협상 관련 디테일에 주의할 필요가 있다. 리걸 마인드의 특징 중 하나가 바로 디테일을 놓치지 않는 것이기 때문이다. 과연 협상 결과에 영향을 줄 수 있는 문제인가를 확실하게 검토해야 한다. 자신에게 불리한 이야기를 감추려 하다가 들통이 날 경우, 더 큰 손실을 보는 경우도 발생한다. 실제 은폐 여부와 관계없이 제3자들은 부정적인 견해를 갖게 될 수 있기 때문이다. 협상을 할 때는 '정직이 최상의 방책(Honesty is the best policy)'이라는 영어 속담의 의미를 되새겨볼 필요가 있다. 소송처럼 협상에서도 전략적으로 공개를 꺼리는 팩트가 있다. 문제는 이것이 잘못될 경우, 아예 산통이 깨질 수 있다는 것이다.

## 판사님, 검사님도 불온단체 출신이네예? | 디테일이 협상을 좌우한다

"제가 하께요, 변호인. 하겠습니다."

1980년대 초 부산을 배경으로 한 영화 〈변호인〉 주인공 송우석 변호사(송강호)의 대사이다. 개봉 전부터 고(故) 노무현 대통령의 부림사건 공동변호를 모티브로 해서 논란이 일었던 작품이다. 당시 가난한 고졸 출신의 세무 변호사로 활동하던 그는 부동산 등기와 세금 자문으로 큰돈을 벌어 요트까지 장만한다. 그러다가 고시공부 시절 밥값 신세를 졌던 국밥집 아들 진우(임시완)가 독서모임으로 공안사건에 억울하게 휘말리자 무료변론을 맡으며 운명적인 변화를 맞이한다. 그는 국밥집 아줌마 순애(김영애)와 함께 구치소 면회 중에 진우의 몸 구석구석에서 고문의 흔적을 발견하고 큰 충격에 빠진다.

마지막 공판에서 이슈는 검찰이 지목한 열세 권의 불온서적이다. 불온서적이 아니라는 판결이 나올 경우, 무죄로 석방될 수 있기 때문에 상당히 중요한 법적 쟁점이었다. E.H 카(Edward Hallett Carr)의 《역사란 무엇인가》라는 책에 대한 법정공방이 시작했다. 검찰이 갖은 이유를 대며 불온서적이라고 주장하자, 송 변호사는 새로운 대응논리로 맞선다.

"알리와 포먼이 경기를 할 때 김일성이 알리를 응원했다고 칩시다. 그럼 그때 피고인들도 알리 편을 들었다면 그것도 이적행위입니까?"

"법정에서 김일성을 고무 찬양하는 행위를 삼가주십시오."

검사는 황당한 답변만을 내놓는다. 특정단어를 언급하는 것조차 못마땅한 것이다. 그는 고무, 찬양 등의 개념을 지나치게 과장 및 확대해석했다.

불온서적 저자가 이적행위를 했는지 그렇지 않은지 여부에 대해 논란이 거듭되었다. 공안당국 입장에서는 어떻게 해서든지 부림사건 피해자 전원을 이적행위로 처벌하려고 했다. 그러려면 독서모임의 불법성을 반드시 밝혀야 했다. 검찰 측 증인이 E. H. 카가 공산주의자라고 주장하자, 송 변호사는 영국 대사관에서 온 공문서를 또박또박 읽어 내려간다. 요지는 E. H. 카는 공산주의자가 절대 아니라는 것이었다. 이적행위의 범위를 확대해석하는 검찰의 수를 미리 알고 선수를 친 것이다. 영국 대사관도 알리를 응원하는 셈이 되었기 때문이다.

"아니 6·25때 참전한 우리 우방이었던 영국 외교부도 빨갱이란 말입니까?"

송 변호사는 영국 대사관의 공식 서신을 증거로 제출한 후 이렇게 회심의 일격을 가한다.

"서울대에서 추천하고 있는 서적들입니다. 대한민국 최고 교육기관이 불온단체라는 말입니까? 그렇게 보면 판사님 검사님도 불온단체 출신이시네예?"

법정은 순간 혼란에 휩싸인다. 송 변호사의 논리가 상당히 설득력 있었기 때문이다. 악마는 디테일에 숨어 있다는 말이 떠오른다. 어떤 일이든 디테일이 중요하다. 때로 사소한 것이 전체 판도를 이끌거나 뒤집을 수도 있기 때문이다. 하지만 현실세계에서는 정작 중요한 디테일이 누락되는 경우가 많다. 영화 〈변호인〉의 재판 장면에서는 판사와 검사가 숨기려고 했던 그들의 사적 관계가 드러난다. 바로 당시 재판을 맡은 판사와 검사가 대학 선후배 관계라는 사실이다. 동문 선배라는 이유로 판사를 바꿀 수는 없겠으나, 관련이 전혀 없다고 보기는 어렵다. 노무현 대통령이 사법고시에 합격했던 1975년 당시 합격자 수는 단 60명에 불과했다는 사실을 눈여겨볼 필요가 있다. 한 해 2천 명씩 졸업생을 배출하는 현행 로스쿨 제도의 인재풀과는 규모 면에서 확실히 다르다. "니 국보법 사건의 본질이 뭔지 아나? 형량 싸움이야, 유무죄가 아니라고. 그런데 판사를 건드리면 어떡하나!"라는 선배 공동 변호인의 대사처럼 영화 속에서 그 두 사람은 재판 전에 이미 입을 맞추어 유죄판결을 기정사실화해놓은 것으로 그려진다.

법정에서 변호사의 역할은 협상 테이블에서의 협상가와 유사한 점이 있다. 최대한의 형량을 요구하는 검찰과 무죄를 목표로 하는 변호인은 피 말리는 논리싸움을 벌인다. 형사재판은 어차피 한쪽이 지게 되어 있는 게임이다. 유죄면 변호인이, 무죄면 검사가 지는 셈이다. 자신의 주장만을 고집하고 상대방 의견을 듣지 않으면 양측 모두 상당한 위험을 짊어질 수 있다. 판사는 중립 위치에서 양측의 이야기를 듣고 최종 결정을 내린다. 양쪽 의견을 모두 반영하는 절충안일 수도 있고, 한쪽의 의견만을 받아들일 수도 있다.

보통의 경우 판사는 어느 쪽 주장이 더 설득력 있는지를 근거로 판단을 한다. 검사와 변호사는 각기 자신들에게 유리한 사실만을 이야기하는데, 그 와중에 자신의 주장을 뒤집는 사소한 사실이 드러나면 기존의 자기주장이 와르르 무너질 수 있다. 협상에서도 자신의 주장을 공고히 하기 위해 불리한 사실을 은폐하면, 그것이 부메랑이 되어 협상을 불리하게 만들 수 있다. 그렇기 때문에 디테일이 중요하다. 아무리 작은 사실이라 할지라도 그것이 밝혀졌을 때를 상정하고 주장을 펼쳐나가는 융통성이 필요하다.

### 겹치는 기간에만 적용되죠 | 유리한 쪽으로 몰고 가기에 유의하라

"안녕하세요. ○○보험입니다. 원하시는 번호를 누르십시오. 사고접수는 1번……."

얼마 전 보험사에 교통사고 신고를 했다. 그런데 2년 전쯤에 가벼운 접촉사고를 신고했던 기억이 떠올라서 약간 걱정이 됐다. 그 사고가 정확히 언제였는지도 기억나지 않았지만, 자동차보험을 가입할 때 들었던 말이 문득 떠올랐다.

"3년 내에 두 번 이상 보험처리하시면 할증됩니다."

"교통사고를 두 번 이상 내면 안 된다는 건가요?"

"아니요. 보험처리 횟수입니다."

"과실여부는 어떤가요?"

"과실여부와 수리비용은 중요하지 않습니다."

"오로지 보험처리 횟수군요?"

"네. 신중하게 판단하셔야 합니다."

"사고가 나도 보험처리를 안 하는 경우가 있는 건 바로 그 때문이군요."

"맞습니다."

돌이켜보면, 벌점의 유효기간에 대한 특별한 언급은 없었다. 보험회사에서는 일반적으로 벌점제도를 시행한다. 교통사고가 발생한 경우, 벌점을 부과하고 일정기간 동안 누적점수가 특정 범위를 초과하면 보험료를 할증한다. 여기서의 일정기간이 바로 그 벌점의 유효기간이다. 보험처리를 하면서 가장 신경이 쓰인 부분이다. 보험회사를 바꿔야 하는 건 아닌지까지 고민이 되었다. 보상 담당 직원과 통화를 했다. 드디어 올 것이 오고야 만 것이다.

"혹시 3년 이내에 보험처리를 하신 적이 있으신가요?"

순간 머리가 멍해지는 느낌이 들었다. 사태를 어떻게 수습해야 하나 고민이 되었다. 보험처리를 하는 것이 유리한지 그렇지 않은지 선뜻 확신이 서지 않았다. 지난 사고 이야기를 안 하면 어떨까 하는 생각도 잠깐 해봤다. 하지만 전산화된 시스템을 갖춘 대형 보험회사에게 사고 유무 확인은 식은 죽 먹기일 것이다. 맞을 매라면 빨리 맞자는 심경으로 말을 꺼냈다.

"네에. 2년 전쯤인 것 같습니다. 제가 피해자였어요. 과실비율도 제가 2, 상대방 차량이 8이었고요."

"과실비율은 중요하지 않습니다."

"보험처리 여부만이 중요한 거죠?"

"네. 보험료가 할증되는 것도 아시지요?"

보험 가입자를 두 번 죽이는 질문이다. 일반적으로 이런 종류의 질문은 상대방에게 책임이 있음을 확인하는 절차이다. 책임전가를 위한 전형적인 접근방식인 것이다. 가슴이 꽉 막히는 느낌이 들었다. 주사위는 이미 던져졌다. 후퇴는 없다. 오직 전진뿐.

"잘 알고 있습니다. 그래서 걱정이 되는군요."

"고객님, 크게 걱정하실 건 없습니다."

"정말요! 왜죠?"

"3년 이내에 겹치는 부분에 한해서만 할증이 적용되기 때문이죠. 만약 2년 8개월 전이라면, 앞으로 4개월만 할증이 적용됩니다."

아하! 20년 넘게 자동차보험에 가입했건만, 그제야 정확한 할증 적용규칙을 이해할 수 있었다. 숱한 보험설계사들 중에서 이 점을 정확히 짚어준 사람은 단 1명도 없었다. 모든 보험설계사들은 할증에 대해 엄포만 놓을 뿐이었다. 왜 그랬을까? 정작 중요한 사실은 왜 알려주지 않은 것일까? 잠시 생각해보니, 답은 의외로 간단했다. 뭔가 얻으려는 것이 있기 때문이다. 원하는 쪽으로 방향을 미리 정해놓고 그쪽으로 서서히 몰아가는 것이다. 앞서 설명한 '불리한 이야기는 하지 않는다'와는 다른 전략이다. 불리한 이야기를 감추는 것은 상대방에게 얻을 것이 없거나 미비할 경우 방어적으로 사용하는 것이다. 반면 특정한 방향으로 몰고 가는 이유는 그쪽에서 분명 얻을 것이 있기 때문이다.

할증기간이 겹치는 기간으로 제한된다고 알려줄 경우, 아마 보험처리 접수가 훨씬 많아질 것이다. 보험사는 이 점을 우려했을 것이다. 보험회사 입장에서는 비용을 줄여서 이윤을 극대화하는 것이 당연하다. 그러니 최대한 많은 사람들이 가입하도록 설득하되, 보험처리는 최소한으로 하도록 유도하는 것이다. 매출은 늘리고 지출은 줄이는 경제학의 기본원칙을 따른 셈이다. 보험회사의 이윤극대화와 보험 가입자의 이해관계가 서로 상충하는 부분이다.

이렇듯 이해관계가 엇갈릴 때는 더 정보를 많이 가진 쪽에서 일방적으로 자신에게 유리한 방향으로 의견을 몰아갈 수 있다. 이럴 때는 그 모든 디테일을 꼼꼼하게 따져보고, 혹시나 놓친 것이 없는지 하나하나 살펴보는 수밖에 없다.

## 한국말은 끝까지 읽으세요 | 사실관계를 정확히 파악하라

얼마 전 선배가 운영하는 출판사를 방문한 적이 있다. 내가 미국 변호사라는 사실을 잘 아는 선배는 대뜸 팩스 한 장을 내밀었다.

"안 변. 이틀 전에 회사로 들어온 팩스인데 잠깐 봐줄래? 법적인 내용은 내가 잘 몰라서."

"선배님, 저는 미국 변호사라서 국내법을 잘 모릅니다!"

"비싼 척하긴! 그래도 나보단 낫잖아!"

내용은 간단했다. 직장 내 성희롱을 방지하기 위해서 10명 이상의 직원이 있는 회사는 의무적으로 최소 1년에 한 번씩 성희롱 예방교육을 실시해야 한다는 것이다. 팩스 안에는 관련 법조항까지 친절하게 설명되어 있었다. 그런데 뭔가 앞뒤가 잘 맞지 않는다는 느낌이 들었다. 공식적으로 보이려고 노력한 흔적이 역력해 보였다. 특히나 그 점이 이상했다. 너무 노력한 느낌이랄까?

"내일까지 예방교육 신청을 안 하면 과태료가 300만 원이라는데. 어떻게 하지?"

"제가 한번 확인해보겠습니다."

집에 돌아와서 법제처 홈페이지에서 관련 법률을 검색해보았다. 법률명도 상당히 길었다. 무려 열아홉 자였다. '남녀고용평등과 일·가정 양립 지원에 관한 법률.' 줄여서 '남녀고용평등법'이라고도 불린다. 처음 읽어보는 법조문이라서 머릿속에 확 들어오지 않았다. 그러던 중 제13조가 제일 먼저 눈에 들어왔다. 직장 내 성희롱 예방교육. 빙고! 바로 이거구나!


### 제13조 직장 내 성희롱 예방교육

① 사업주는 직장 내 성희롱을 예방하고 근로자가 안전한 근로환경에서 일할 수 있는 여건을 조성하기 위하여 직장 내 성희롱의 예방을 위한 교육(이

하 "성희롱 예방교육"이라 한다)을 <u>실시하여야 한다.</u>

② 성희롱 예방교육의 내용·방법 및 횟수 등에 관하여 필요한 사항은 대통령령으로 정한다.


"필요한 사항은 대통령령으로 정한다." 제13조 제2항의 마지막 부분이 마음에 걸렸다. 자세한 내용은 하위법인 대통령령으로 정한다고 위임했기 때문이다. 이런 경우, 하위법까지 일일이 검토해야 하는 번거로움이 발생한다. 관련 법령 오른쪽 상단에 있는 담당자 연락처가 눈에 확 들어왔다. '고용노동부(○○과), 02-2110-○○○○' 그렇지! 주무부처 담당자에게 직접 물어보자.

"성희롱 예방교육에 관한 질문이 있습니다."

"무엇이 궁금하신가요?"

"얼마 전에 ○○○○이라는 기관에서 팩스를 받았습니다. 예방교육을 받지 않으면 300만 원의 과태료를 물게 된다고 하던데요."

"방금 무슨 기관이라고 하셨죠?"

"○○○○입니다."

"처음 들어보는 단체입니다."

"그럴 리가 있나요?"

"혹시 팩스에 고용노동부라는 단어가 쓰여 있던가요?"

전혀 예상치 못한 질문이었다. 부랴부랴 팩스 내용을 다시 훑어보았다. 관련 법조항에 대한 설명은 상세히 나와 있지만, 정작 '고용노동부'라는 다섯 글자는 그 어디에도 없었다. 이게 웬일인가?

"찾아보니 '고용노동부'라는 단어는 없는데요."

"아마, 그럴 겁니다. 저희는 그 기관과는 아무런 관련이 없습니다."

순간 바로 밑에 있는 법조항이 눈에 띄었다. 제13조의2. 제13조 제2항과는 다르다. 법률을 개정할 때, 관련내용을 '~의2'라고 쓰기 때문이다. 명색이 미국 변호사인데 문제제기는 확실히 해야겠다는 마음으로 질문했다.

"바로 밑에 있는 법 제13조의2에는 고용노동부 장관이 위탁한다고 쓰여 있는데요."

"아닙니다."

"지금 모니터로 보고 있는데요."

"맨 마지막 부분을 다시 읽어보세요."

"위탁하여 실시할 수 있다."

"'할 수 있다'라고 쓰여 있죠?"

"네. 그렇습니다."

"'할 수 있다'와 '해야 한다'는 법적으로 큰 차이가 있습니다."

"이해가 잘 안 되는데요."

"예방교육(제13조)은 필수, 위탁교육(제13조의2)은 선택이라는 말이죠."

"아하! 그럼 자체교육도 가능하다는 말씀인가요?"

"네!"

**제13조의2(성희롱 예방교육의 위탁)**

① 사업주는 성희롱 예방교육을 고용노동부 장관이 지정하는 기관(이하 "성희롱 예방 교육기관"이라 한다)에 위탁하여 <u>실시할 수 있다.</u>

② 성희롱 예방 교육기관은 고용노동부령으로 정하는 기관 중에서 지정하되, 고용노동부령으로 정하는 강사를 한 명 이상 두어야 한다.

③ 성희롱 예방 교육기관은 고용노동부령으로 정하는 바에 따라 교육을 실시하고 교육이수증이나 이수자 명단 등 교육 실시 관련 자료를 보관하며 사업주나 피교육자에게 그 자료를 내주어야 한다.


순간 미국법조항에서 조동사 shall과 may 사용의 차이점이 떠올랐다. 강제조항의 경우는 shall을, 재량사항인 경우는 may를 사용한다. 조동사로 강제여부를 결정하는 영어와 달리 한국어에서는 동사의 '어미'로 구분한다. 영어와 달리 한국말은 끝까지 들어봐야 한다는 말에도 일리가 있다는 생각이 들었다.

"그럼 이 팩스는 일종의 사기 아닌가요?"

"그렇게 보긴 쉽지 않습니다."

"왜죠?"

"팩스에는 고용노동부 장관이 지정했다는 말이 없기 때문이죠."

"법조항에 문제가 있는 건 아닌가요?"

"왜죠?"

"법조항 문구가 명확하지 않아서 일반 시민들이 혼돈할 수 있고,

그런 점을 악용한 상술을 범람하는데 주무부처가 이를 방치해도 되는 건가요?"

일사천리로 답변하던 고용노동부 직원의 말문이 갑자기 막혔다. 잠시 둘 사이에 어색한 적막이 흘렀다.

"혹시 다른 질문이 있으신가요?"

"아닙니다. 감사합니다."

협상에 있어서 사실관계를 정리하는 것은 매우 중요하다. 마치 법정에 선 변호사가 변론을 하면서 사실관계에 집중하는 것과 유사하다. 바로 이런 측면에서 리걸 마인드와 협상 마인드의 공통점이 있다. 중요한 사실관계를 정확히 파악하고 전략을 수립해야 한다.

성희롱 예방교육 사례에서는 법률상으로 애매모호한 부분을 악용하는 상술이 문제였다. 법적으로 중요한 사실은 예방교육(제13조)을 매년 한 번씩 실시해야 한다는 점과 위탁교육(제13조의2)은 강제사항이 아니라는 점이다. 회사별로 자체교육을 할 수 있다는 중요한 사실만을 쏙 빼놓고 팩스를 보낸 것이다. 과태료로 겁을 준 후, 의무사항이 아닌 위탁교육을 하도록 유인하고 자신들이 마치 정부에서 인가를 받은 업체인 것처럼 행세를 하는 것은 분명 문제였다. 일반인을 속이는 행태인 것이다. 물론 최악의 경우에 대비해, 도망칠 구멍도 미리 만들어놓는다. 관련부처 이름을 쏙 빼놓는 것이다.

이 사례에서 볼 수 있는 것처럼 아무리 사소한 사항이라 할지라도 협상 결과에 영향을 줄 수 있는 사실관계는 직접 확인해보는 것이 좋다. 성희롱 예방교육과 관련된 팩스만 보면 그것이 당연한 의무이고, 그대로 따르지 않으면 벌금을 물어야 한다고 생각할 수 있다. 하지만 조금 귀찮더라도 직접 사실관계를 따져보면 전혀 다른 결과가 나올 수 있다. 원하는 결과를 얻고자 한다면 '돌다리도 두드려본다'는 태도가 필요하다.

## 〔 불필요한 소모전을 피하라 〕

### 1원은 왜 안 줘요! | 여러 가지 대안을 제시하라

영어 속담 중에 '손님은 왕이다(Customer Is Always Right)'라는 말이 있다. 직역하면 '고객은 항상 옳다'이다. '왕(king)'과 '옳다(right)'의 차이점은 무엇일까? 왕이라고 해서 항상 옳을 수는 없다. 그러니 'right'라는 단어에는 고객의 말에 무조건 복종할 것이 아니라 고객의 주장이 맞다고 수긍한 다음 절충안을 제시해야 한다는 의미가 내포되어 있다. 이 뉘앙스의 차이는 상당히 크다.

리걸 마인드의 특징 중 하나는 상대방에게 특정한 방향을 제시하지 않는 것이다. 잘못된 방향을 제시할 경우 부작용이 만만치 않기 때문이다. 보는 관점에 따라서는 책임회피로 비쳐질 수도 있다. 여러 가지 대안을 제시하고 장단점을 비교한 후, 최종선택은 클라이언트에게 떠맡기는 것이다. 잘못된 방향을 제시하면 상대방과 불필요한 마찰을 일으킬 수 있다. 상대방이 고의적으로 시비를 걸어온다고 해도 넘지 말아야 할 선이 있다.

"10원 단위로만 출금이 가능합니다."

"지금 1원이라고 무시하는 거야? 땅을 파봐, 단돈 1원이 나오나!"

"그럼 10원 더 드릴게요."

"지금 나 거지 취급하는 거야? 내가 공돈을 왜 받아! 이거 금감원에 민원 넣을 거야."

TV 드라마의 한 장면이다. 여주인공이 근무하는 은행에서 손님이 잔금 1원을 달라고 생떼를 쓴다. 신입사원인 여주인공은 얼굴을 붉히면서 어찌할 바를 모른다. 바로 그때 뒤에서 굵직한 중저음 목소리가 들려온다.

"손님, 죄송합니다. 말씀 드리는 과정에서 마음 다치게 한 점 사과드립니다."

"말로 하는 사과 누가 못해?"

"어디 말뿐이겠습니까?"

매우 공손한 어투로 다가온 사람은 은행경비를 책임지는 청경 반장이다. 꼬투리를 잡고 투덜거리는 손님에게 사은품을 한 아름 안겨주면서 90도로 깍듯이 인사까지 한다. 은행 여직원의 잘못된 고객응대가 무료사은품 증정이라는 참사까지 낳았다. 손님을 가르치려는 큰 실수를 범했기 때문이다. 누구나 잔소리 듣는 것은 싫어한다. 자신보다 어린 사람에게 훈계조 멘트를 듣는 것은 상당히 치욕적일 수도 있다. 제아무리 진상이라고 해도 손님은 손님, 손님은 왕이다! 아니면 최소한 고객은 항상 옳다는 마음가짐으로 임해야 위와 같은 최악의 상황을 피할 수 있다.

협상도 마찬가지다. 서로 불필요한 소모전은 피하는 것이 상책이다. 자신만 옳고, 자신이 속한 세계에 적용되는 규칙이 절대적으로 옳다고 생각하는 한 제대로 된 협상은 이루어질 수 없다. 나도 옳다, 그러나 상대방도 옳다, 그러니 이러저러한 대안을 제시하고 함께 해결책을 찾아보자는 식의 마인드를 가져야 시간과 비용과 에너지를 낭비하지 않고 서로가 원하는 절충안을 만들 수 있다.

### 끝까지 가보잔 소린가요? | 상대방의 자존심을 지켜줘라

"이 유모차 얼마인가요?"

"33만 원입니다."

어느 베이비페어(Baby fair) 유모차 판매점에서 목격한 일이다. 30대 남성이 전시된 빨간 유모차의 가격을 물었다. 잠시 후, 지갑에서 신용카드를 꺼내서 계산대에 있는 여직원에게 건넸다.

"몇 개월 할부로 해드릴까요?"

"일시불로 해주세요."

"가져가시기 편하게 포장을 뜯어 드릴까요?"

"네."

"잠시만 보관해주세요."

남성은 구입한 유모차를 가게에 맡긴 후, 어디론가 사라졌다. 그러더니 잠시 후, 상기된 얼굴로 돌아왔다. 아마도 부인이 남편이 구입한 유모차가 마음에 안 들었던 같다. 그때부터 날카로운 신경전이 시작됐다.

"유모차 환불 안 되나요?"

"안 됩니다."

"왜죠?"

"한번 매장 밖으로 끌고 나가신 상품은 바퀴가 상해서 안 됩니다."

"그럼 환불이 되겠군요."

"무슨 말씀이죠?"

"유모차를 끌고 단 한 발자국도 안 나갔거든요."

그렇다. 환불을 거절한 직원은 손님이 다른 직원에게 유모차를 맡기고 다녀왔다는 사실을 전혀 모르고 있었다. 잠시 후, 유모차를 보관하던 여직원이 다가와서 인사를 했다. 남편은 팽팽한 논리싸움에서 대승이라도 한 것처럼 의기양양했고 한껏 고무되어 있었다.

"손님, 포장을 뜯은 상품은 환불이 안 됩니다. 신상으로 팔 수 없거든요."

"그런 게 어디 있어요?"

"계약서 뒷면에 커다랗게 쓰여 있습니다."

가게 직원은 다른 핑계를 댔다. 처음에는 바퀴 손상 여부로 문제를 제기하더니만 자신이 코너에 몰리자 포장 개봉 여부를 걸고 넘어졌다. 환불 협상은 극으로 치닫기 시작했다. 과연 이 난관을 어떻게 극복해갈지 궁금해졌다. 이런 문제는 어떻게 해결할 수 있을까?

"한번 개봉한 제품은 반품 처리가 안 돼요."

"왜죠?"

"저희도 대리점에서 사 온 거라서 박스 없이는 반품할 수가 없거든요."

"다른 손님한테 파실 순 있잖아요?"

"신상으로는 못 팝니다. 전시용으로 싸게 내놓아야 해요."

"얼마나요?"

"3만 원이요."

"반반 내는 게 어때요?"

"무슨 말씀이죠?"

"손해 본 비용 3만 원을 반반씩 내자는 거죠."

"(잠시 고민한 후) 괜찮은 생각입니다. 그렇게 하시죠."

이렇게 여차저차 돌파구를 찾은 듯한 협상은 부인의 등장으로 반전됐다. 반반씩 책임을 지자는 절충안에 양측이 극적 합의를 했지만 밀월관계는 그리 오래가지 못했다. 양측이 만 오천 원씩 안고 가는 절충안은 합리적인 책임분할이라고 볼 수 있다. 그렇지만 합리적인 절충안도 다른 문제가 생기면 실효성이 떨어질 수 있다. 예컨대 협상 테이블에 앉은 사람들과의 감정적인 대립을 들 수 있다. 합리적인 절충안을 수립하겠다는 목표를 위해 나아가는 것이 아니라 자존심 싸움으로 비화되는 것이다. 뒤늦게 찾아온 부인이 나지막한 목소리로 물었다.

"단 한 번도 포장 뜯은 상품을 신상으로 파신 적이 없었나요?"

"……."

"저희한테 만 오천 원 돌려주시면 안 돼요?"

"무슨 말씀이죠?"

"제가 반품하면 포장해서 신상품으로 33만 원에 파실 거잖아요?"

"아니라니깐요!"

"이거 다시 신상품으로 33만 원에 파실 거잖아요."

"(버럭 소리치며) 말도 안 되는 소리 하지 마세요!"

잠시 후, 믿기지 않는 일이 벌어졌다. 화가 머리끝까지 난 부인은 뒤도 안 돌아보고 매장을 떠났고 남편도 잰걸음으로 부랴부랴 부인의 뒤를 쫓았다. 매장에는 잠시 동안 적막이 흘렀다. 사장으로 보이는 50대 남성이 자리에서 후다닥 일어나서 커플을 황급히 뒤쫓았다. 그 후 결과가 어떻게 되었는지는 잘 모른다. 확실한 것은 직원이 실수를 했다는 점이다. 고객을 우격다짐으로 이기려고 했기 때문이다. '손님은 왕'이라는 생각으로 조금 더 인내심을 갖고 대처했다면 이처럼 황당한 상황은 발생하지 않았을 것이다. 어쩌면 부인이 원하는 것은 다른 것일지도 모른다. 자기 입으로 굳이 이야기를 하지는 않았지만 뭔가 플러스알파를 요구한 것은 아닐까? 자신이 원하는 것을 얻고자 으름장을 놓는 고도의 협상전략을 구사한 것은 아닐까? 만약 저가의 유모차 '쿨 시트'라도 사은품으로 끼워줬다면 어땠을까 하는 생각이 들었다. 위에서 설명한 드라마 속의 청경반장의 지혜로운 대처가 아쉬운 대목이다.

사람은 생각과 감정으로 움직인다. 때로는 치열한 논리싸움이 필요하지만, 때로는 감정을 따뜻하게 어루만질 줄도 알아야 한다. 상대방이 원하는 것은 꼭 자신의 주장을 관철시키는 것이 아닐 수도 있다. 자신이 애초에 주장했던 것을 무를 수 없으니, 버티는 경우도 많다. 자존심 때문이다. 이럴 때는 상대방의 자존심을 지켜주면서도 결정적인 손해는 피하는 것이 가장 합리적인 대안이 될 수 있다. 아주 작은 사은품 같은 것 말이다.


## [ 우선순위를 제시하지 마라 ]

"혹시 40년 경영비법이 있으신가요?"

동네 단골 약국의 70세 노약사에게 질문한 적이 있다. 어릴 적부터 다니던 약국이라서 종종 인사차 들리곤 했다. 낡고 허름해 보이지만 손님의 발길이 끊이지 않는 이유가 궁금했다.

"흠, 약국 경영에서 제일 중요한 것이 뭐라고 생각해?"

"글쎄요. 약효 아닐까요?"

"맞아. 약효가 없으면 손님이 다시 찾질 않지. 그런데 더 중요한 것이 있어."

"그게 뭔데요?"

"드링크 한잔할래?"

노약사는 냉장고에서 시원한 비타민 음료 한 병을 꺼내 권하며 이야기를 계속했다.

"약효만 있다고 해서 잘되진 않아."

"그럼 뭐 특별한 경영비법이라도 있으신가요?"

"비법까진 아니고, 내 나름대로의 원칙은 있지."

"뭔데요?"

"손님들이 모르는 약을 추천하는 거야."

"예상원데요? 보통 사람들은 TV광고에 나오는 약을 선호하지 않나요?"

"그런 경향이 있긴 하지. 모르는 사실에 대한 거부감이야. 그래서 필살기가 필요해."

"필살기요?"

"손님의 마음을 확 사로잡을 수 있는 한 방이지."

우리는 일상생활에서 익숙한 것을 선호한다. 그렇기 때문에 여러 가지 매체를 통한 홍보가 효과를 본다. TV나 신문 광고 등을 통해서 자주 본 상품이 좋은 상품이라는 생각을 은연중에 하게 된다. 이러한 무의식을 극복하기 위해서는 발상의 전환이 필요하다. 예를 들면, 양약을 주로 다루는 약사가 한약에 대한 해박한 설명을 곁들이는 것이다. '양약은 약사에게, 한약은 한의사에게'라는 고정관념의 틀을 확 깨는 소리다.

"난 잘 알려지지 않는 한방 약품을 추천해."

"대체조제 말씀인가요?"

"아니지. 한방은 대체조제 대상도 아니야."

"그렇군요. 새로운 약품에 대한 거부감은 없나요?"

"'동의보감에 나오는 겁니다'라고 말하면 다들 고개를 끄덕이지! 하하하!"

"왜 하필 동의보감이죠?"

"일반인들도 친숙한 책이고, 워낙 다양한 한약이 나오기 때문에 반론하기 어렵거든."

"반응은 어떤가요?"

"다시 돌아온 손님은 항상 그 약만 찾지! 다른 약국에서 못 찾아 돌아오는 경우도 있어."

"나름 중독성이 있군요. 하하하."

"희소성의 원칙이지. 사실은 다음 단계가 더 중요해."

잠시 머뭇거리던 노약사는 진열대에서 나와서 약국 문을 살며시 닫고 돌아왔다. 뭔가 천기누설이라도 할 분위기였다.

"파이를 키우는 거야. 다음 번에는 1개가 아닌 2개씩 묶어서 추천하지."

"일종의 끼워 팔기군요!"

"끼워 팔기는 어감이 안 좋지. 원 플러스 원(1+1) 개념이야."

"그거 재미있군요."

"마지막 피날레도 중요해."

"더 화끈한 게 있나요?"

"'함께 드시면 효과가 더욱 좋습니다'라고 말하면 반응이 최고 지."

"고객을 위한 배려처럼 들리네요?"

"맞아. 최종선택은 손님에게 맡기는 거야."

"다시 돌아온 손님은 항상 원 플러스 원만을 찾지. 이건 배려의 원칙이야."

노약사는 진열대에서 두 가지 약품을 가져왔다. 오른손에는 조잡한 글씨체와 디자인의 작은 상자가, 왼손에는 깔끔한 디자인의 큼지막한 상자가 들려 있었다. 두 가지를 동시에 들어올리면서 물었다.

"어느 약품이 더 잘 팔릴 것 같아?"

"멋진 디자인의 큰 박스겠죠."

"맞아. 손님들은 디자인도 꼼꼼히 보지. 같은 약효라면 보다 예쁜 디자인을 선호해. 그런데 가격 차이가 나면 어떨까?"

"같은 약효라면 보다 싼 것을 사지 않을까요?"

"그 반대지. 더 비싼 걸 사."

"왜죠? 비즈니스 마인드에 어긋나는 것 같은데요."

"이건 장사가 아니라 건강에 대한 문제이기 때문이야. 자기 몸은 누구에게나 소중하니깐. 돈으로도 살 수 없는 거잖아. 이게 '웰빙 마인드(well-being mind)'지."

노약사와의 대화에서 많은 점을 깨달았다. 약국 경영은 단순한 비즈니스 마인드만으로는 해결되지 않는다. 핵심은 손님에게 보다 좋은 약을 추천하는 방법이다. 손님은 무조건 저렴한 약을 구입하지는 않는다. 설상가상으로 싸구려 약품은 몸에 좋지 않다는 선입견까지 광범위하게 퍼져 있다. 그런데도 불구하고 약사들은 이런 말실수를 하곤 한다.

"같은 성분인데, 싼 거 쓰세요."

잘못된 방향을 제시했다가는 약사가 아니라 '약장수'로 낙인이 찍힐 수도 있다.

리걸 마인드의 특징 중에 하나는 우선순위를 제시하지 않는 것이다. 고객 스스로 판단을 내릴 수 있도록 장단점을 상세히 설명한다. 결정은 알아서 하라는 뜻이다. 이 둘은 결과적으로 큰 차이를 낳는다. 책임소재가 달라지는 것이다.

구체적인 방향을 제시하는 경우 실패에 대한 책임까지 돌아온다. 정확한 방향을 제시하면 공을 세우게 되지만, 그 반대의 경우는 역적이 되고 만다. 방향을 제시하지 않고 비교 분석만 한 경우 결과에 대한 책임은 지지 않아도 된다. 성공하는 협상가는 이 같은 리걸 마인드의 특징을 잘 활용하는 사람이다.

로펌에서 근무할 때 생긴 일이다. 어느 월요일 오전에 싱가포르 클라이언트 '제니퍼'에게서 이메일이 왔다. 서울에 있는 자회사의 주주총회를 개최해야 하는데, 대표이사가 미국 출장 중이라 어떻게 해야 할지 고민이라고 했다. 이메일을 읽자마자 곧바로 답장을 썼다. 화상회의로 이사회를 대신할 수 있다고. 잠시 후, 열심히 다른 업무를 보고 있는데 짧은 이메일이 다시 왔다. 이번엔 이사회 회의록 서명을 어떻게 처리해야 하는지를 물었다. 카운터 사인(countersign)을 하면 된다고 짤막하게 답했다. 카운터 사인이란 한 장의 원본이 아니라 여러 장의 사본을 만들어서 여러 명이 각자 서명을 하는 것이다. 글로벌 계약에서 물리적으로 멀리 떨어진 사람들 간에 자주 쓰이는데, 복수의 사본 내용이 모두 일치한다는 전제하에서만 가능하다. 오후 2시쯤 전화 한 통이 걸려왔다.

"준. 점심식사 잘 했어요?"

안부 인사를 하기에 오래된 친구로 순간 착각했다. 그런데 이야기를 하다 보니 제니퍼였다. 순간 불길한 예감이 들었다. 설마 또 질문을 하는 건 아니겠지.

"카운터 사인한 서류를 보내려고 하는데요. 팩스로 보내도 되나요?"

아니나 다를까, 제니퍼는 또 질문을 했다.

"팩스로 사본을 먼저 보내주시고, 원본은 페덱스로 보내주세요."

5분 후에 다시 전화가 걸려왔다.

"사본을 PDF 파일로 보내도 될까요? 갑자기 사무실 팩스가 고장이 나서요."

제니퍼는 하루에도 몇 번씩 전화와 이메일을 보내왔다. 머릿속에 새로운 질문이 생길 때마다 재깍재깍 연락을 하는 분위기였다. 문제는 비슷한 질문을 계속 반복한다는 점이다. 조금 더 신중하게 생각하면 스스로도 충분히 파악할 수 있는 내용이었지만 무조건 로펌 변호사에게 확인을 받아야 직성이 풀리는 듯했다. 혹시 완벽주의자여서 그러는 걸까? 아니면 직장생활이 너무 심심해서 말동무가 필요했나? 별의별 상상을 다 해보았지만 답이 잘 나오지 않았다. 고민 끝에 선배 변호사에게 자문을 구했다.

"제 클라이언트 중 1명이 하루에도 몇 번씩 질문을 하는데 어떻게 하죠?"

"한 가지 방법이 있긴 하지."

"그게 뭔가요?"

"그런데 이 방법은 꼭 필요할 때만 써야 해. 잘못 쓰면 클라이언트와의 관계가 손상될 수도 있어."

"네. 도대체 뭔데요?"

"한 번 더 질문하면 비용을 청구한다고 확실하게 말해!"

"나중에 딴소리하면 어쩌죠?"

"그래서 반드시 이메일로 보내야 돼. 기록을 남기는 거지."

사실 로펌 입장에서는 스토커 타입의 클라이언트가 그리 나쁘지만은 않다. 전화 또는 이메일 등 커뮤니케이션에 쓰인 시간에 모두 비용을 청구할 수 있기 때문이다. 문제는 반복되는 유사질문으로 인한 업무효율성의 저하이다. 친절하게 답장을 하다 보면 다른 업무의 흐름이 끊기기 일쑤였다.

이는 비즈니스 마인드와 리걸 마인드와 차이점을 쉽게 볼 수 있는 에피소드이다. 비즈니스 마인드로 무장한 클라이언트는 돈의 가치를 누구보다도 잘 안다. 시간은 돈이다. 그런데 아무리 비즈니스 마인드를 잘 갖추었다고 해도 의외로 시간의 가치를 잘 인지하지 못하는 경우가 있다. 프로젝트 별로 비용청구를 하는 다른 업종과 달리 로펌은 일한 시간에 따라 비용을 청구하는 빌링제도를 이용하기 때문이다. 많은 시간을 쓰면 수임료, 즉 비용이 증가한다.

협상의 전 과정에 걸쳐서 비즈니스 마인드는 매우 중요하다. 그런데 너무 집착하다 보면 전략적인 실수를 범할 수도 있다. '장고 끝에 악수 둔다'고나 할까. 지나친 가격 민감성은 오히려 협상전략 면에서는 마이너스가 될 수 있다. 그렇기 때문에 비즈니스 마인드를 넘어서는 리걸 마인드가 필요하다. 리걸 마인드를 활용하는 협상전략은 다르다. 돈 자체보다 가치에 집중하기 때문이다. 일반적으로 리걸 마인드 협상법은 구체적인 방향을 제시하지 않지만, 관계를 청산할 때는 확실하게 의사표시를 한다. 상대방이 오해하지 않도록 간단명료하게 언급하는 것이다. 그렇지 않으면 불필요한 책임공방이 생길 수도 있기 때문이다. 리걸 마인드를 활용해 전략적으로 치고 빠지기를 확실하게 할 필요가 있다.

## [ 협상은 상대성 게임이다 ]

"보자기가 이기잖아!"

"아니야! 가위가 이기는 거야!"

집에서 아이들과 가위바위보 게임을 하다가 생긴 일이다. 게임의 특징을 정확히 이해 못하는 네 살짜리 딸의 볼멘소리를 했다. 첫 번째 판에서 아빠와 오빠가 모두 '보'를 내고, 자기만 '바위'를 내서 졌다.

"보자기가 바위를 싸서 이기는 거야."

잠시 곰곰이 생각하던 딸은 회심의 미소를 지었다. 다음엔 꼭 이기고야 말겠다는 불굴의 투지도 엿보였다. 가위바위보는 삼세판이 기본. 두 번째 판이 시작됐다.

"(셋이 한 목소리로 우렁차게) 가위, 바위, 보!"

첫 번째 판에서 바위를 내고 패한 딸은 이번엔 보자기를 냈다. 지난번 자신이 낸 '바위'를 이기는 것을 내면 이번에는 이길 거라고 판단한 것이다. 그런데 아빠와 오빠가 모두 가위를 내는 바람에 또지고 말았다. 가위바위보는 상대방이 어떤 것을 내는가에 따라 승패가 갈리는 상대적인 게임이라는 것을 정확히 이해하지 못하고, 자신과의 싸움으로 오해한 것이다. 그래서 첫 번째 판에 냈던 '바위'를 싸는 '보자기'를 자신 있게 낸 것이다.

협상은 혼자만의 게임이 아니라 상대방과 함께하는 상대적 게임이다. 가위바위보와 마찬가지다. 그렇기 때문에 협상에서는 룰이 매우 중요하다. 여기서 룰이란 자기 혼자 고집하는 룰이 아닌 상대방도 동의하는 룰을 의미한다. 룰을 설정하는 것은 협상의 시작이며 매우 중요한 절차이다. 어떻게 룰을 짜는가에 따라서 협상의 과정뿐만 아니라 결과 또한 막대한 영향을 받는다. 성공하는 협상가는 훌륭한 '룰 메이커(rule maker)'가 되어야 한다.

문제는 실무협상에서는 이 같은 룰 메이킹 자체가 어려운 경우가 많다는 점이다. 대표적인 이유로는 협상 당사자 간의 힘의 불균형을 들 수 있다. 힘이 어느 한쪽으로 완전히 기울어져 있다면 화술 등의 임기응변으로는 본질적인 문제를 해결하기 어렵다. 게임의 룰 자체가 처음부터 불공평하기 때문이다. 예컨대, 연봉협상을 하는 경우 갑과 을의 입장은 확연히 다르다. 최대한의 연봉인상을 원하는 직원과 최소한을 원하는 회사 간의 절충안을 만들기는 그리 쉽지 않다.

## 문자 나갑니다 | 이길 수 없다면 현실적인 절충안을 찾아라

"잔치국수를 먹을까? 아님 김치말이 국수를 먹을까?"

어느 주말 오후, 동네 대형마트 지하 식품매장에 있는 국수집에서 행복한 고민에 빠졌다. 두 메뉴를 놓고 번뇌를 거듭했다. 잔치국수를 먹자니 왠지 조금 허전할 것 같고, 김치말이 국수를 먹자니 약간 매울 것 같았다. 국수 차원에서는 결정이 어려워서 반찬까지 비교해봤다. 김치냐 단무지냐, 그것이 문제로다! 옆에 있던 아내가 보다 못해서 절충안을 제시했다.

"하나씩 주문하면 되잖아요."

딩동댕! 합리적인 절충안이었다. 2개를 다 시킨 후, 둘이서 나눠 먹자는 제안이다. 기쁨은 나누면 두 배가 되지만 국수는 절반으로 준다.

"여기요. 잔치 하나, 김치 하나 주세요."

그런데 잠시 후, 예상치 못한 돌발 상황이 발생했다.

"김치말이 국수 2개 나왔습니다."

"저흰 잔치 하나, 김치 하나 시켰는데요."

"아, 죄송합니다. 주문착오가 있었나 봅니다."

"괜찮습니다. 김치가 제 운명인가 봅니다. 그냥 먹을게요."

손님이 붐비는 식사시간이라서 주문착오가 생긴 듯했다. 한번 말아놓은 국수는 금세 불기 때문에 다른 손님에게 줄 수도 없다. 남이 시킨 국수를 흔쾌히 받아먹을 손님도 아마 없을 것이다. 난감해하는 주인을 위해서 그냥 내 운명으로 받아들이기로 했다. 김치말이 국수가 500원 더 비싼 점도 일정 부분 작용했다. 피할 수 없으면 500원의 횡재를 맘껏 즐겨라! 안경까지 벗고 폭풍흡입을 시작했다. 후루룩~ 잠시 후, 대형마트 유니폼을 입은 한 중년남자가 나타났다. 국수집 주인과 안면이 있는 듯, 인사도 없이 다짜고짜 말했다.

"설날에 골뱅이 비빔국수 4,500원 가능하죠?"

안경을 다시 끼고 벽에 걸린 메뉴판을 응시했다. 국수집에는 총 네 가지 메뉴가 있었다. 가장 비싼 국수가 문제의 '골뱅이 비빔국수'로 5,500원이었다. 골뱅이가 빠진 일반 '비빔국수'는 천 원 싼 4,500원이었다. 골뱅이 값 천 원을 가게주인이 고스란히 손해를 보란 소리였다. 가게주인은 몹시 당황한 표정을 지었다. 그러고는 나지막한 목소리로 말대꾸했다.

"골뱅이 값도 안 나오는데요."

"(큰 소리로) 4,500원으로 해주세요."

마트 직원은 똑같은 대답만을 반복했다. 마치 녹음기의 재생버튼을 누른 듯이. 이건 협상을 하러 온 태도가 아니라 최종통보를 하러 온 태도였다. 국수집 주인에게는 별다른 협상 레버리지가 없는 듯했다. 갑을관계에서 종종 발생하는 이해관계의 충돌상황이다. 잠시 동안 국수집 주인과 마트 직원의 대치상태가 벌어졌다. 일촉즉발의 상황이었다. 협상 결과가 어떻게 나올지 자못 궁금했다. 그런데 이 상황은 의외로 싱겁게 끝났다.

"문자 나갑니다!"

짧은 말과 함께 마트 직원은 옆 점포로 유유히 사라졌다. 설날 기념 이벤트 중 하나로 '골뱅이 비빔국수'를 천 원 싸게 해준다는 내용의 문자를 보낸다는 이야기였다. 옆에서 듣고 있는 손님들은 하나같이 눈살을 찌푸렸다. 너무도 천연덕스러운 갑의 횡포였기 때문이다. 을의 입장에 있는 국수집 주인은 별다른 하소연을 할 곳도 없다. 500원 싸게 김치말이 국수를 얻어먹는 내 입장에서는 약간 눈치가 보였다. 마트 안에서 영업을 하는 동안은 어찌되었든 마트 관리 직원의 눈치를 보는 시집살이를 감내해야 한다.

당신이 이런 상황이라면 어떻게 대처할 것인가? 귀머거리 3년, 벙어리 3년 단계에 접어든 대형마트 입점 주인은 힘없는 을일 뿐이다. 그의 동의 여부와 관계없이 '설날 특집' 골뱅이 국수 광고 문자는 발송될 것이다. 이렇게 된 바에야 피할 수 없다면 즐겨라! 현실적인 절충안을 만들어보자. 가장 먼저 떠오르는 방법은 국수에 들어갈 골뱅이의 개수를 줄이는 것이다.

"골뱅이 비빔국수에 왜 양파밖에 안 보이죠?"

"뼈다귀 해장국에는 뼈다귀가 많나요? 순 감자천지지!"

"네에?"

"원래는 5,500원짜리인데 천 원 싸게 만들다 보니 그렇게 됐어요."

그리 바람직한 답변은 아니다. 왠지 속았다는 느낌을 받은 손님은 다시 찾아오지 않을 가능성이 높기 때문이다. 일시적인 가격하락으로 골뱅이 수가 줄면 모든 불평은 국수집 주인에게 돌아온다. 손님들은 대형마트의 횡포를 모를 수 있기 때문이다. 여기서 절충안의 기술이 필요하다.

"설날 특집으로 동해에서 직접 공수한 백골뱅이를 준비했습니다."

"백골뱅이가 뭔가요?"

"(골뱅이를 번쩍 집어 들고) 동해안에서만 나오는 소라 모양의 아주 맛있는 골뱅이죠."

"우와! 모양이 신기하네요."

"저희는 손님들에게 드릴 맛과 볼거리까지 준비했죠."

"멋진걸요."

"최상품으로 모시다 보니 골뱅이 숫자가 부득이 줄었습니다."

이렇게까지 나오면 대놓고 불평할 손님은 아마 거의 없을 것이다. 골뱅이 숫자를 줄이는 대신 질을 높이는 것이다. 무언가 주고받았다는 느낌을 주는 것이 핵심이다. 문제는 숫자와 질의 가격균형을 어떻게 잡는가이다. 어차피 설날 특집으로 하루만 진행되는 이벤트이니 후하게 해주는 것도 홍보 효과로 좋을 것이다.

### 권리와 책임을 비교해야죠 | 명분과 실리 사이에서 균형을 잡아라

"올 초에 로펌으로 돌아왔습니다."

4년 만에 만난 A 변호사가 새로운 명함을 내밀었다. 마지막 만났을 때, 국내 모 대기업 이사로 옮긴다고 했었는데 다시 친정으로 돌아온 셈이다. 몇 년 만의 신년모임이라서 서로 덕담으로 시작했다.

"변호사님, 전 이번 CEO 공모에 나오시는 줄 알았어요."

"별말씀을 다 하십니다. 하하하."

"상무로 퇴사하신 건가요?"

"아뇨. 작년 초에 전무로 승진했습니다."

"오우! 전무님 멋지십니다! 자가용, 개인비서, 전망 좋은 사무실 등등 부럽습니다."

"별말씀을. 하하하."

기업에서 생긴 재미있는 에피소드 등으로 회포를 풀다가 우연히 사외이사 이야기가 나왔다.

"혹시 차후에 사외이사로 활동하실 건 아닌가요?"

"아마도 그럴 일은 없을 겁니다."

예상외로 단호한 어조에 약간은 놀랐다. 남들은 다들 되고 싶어 안달인 대기업 사외이사를 마다하는 이유가 궁금해졌다.

"사외이사는 연봉이 많지 않나요?"

"꼭 그렇진 않아요. 기업마다 편차가 크죠."

"일반이사보다는 업무부담도 적고 속된 말로 날로 먹는 거 아닌가요?"

"돈이 다는 아니죠."

"그게 무슨 뜻인가요?"

"돈보다 더 중요한 문제가 있죠. 법적인 문제입니다."

"사외이사 제도가 불법은 아니잖아요?"

"법적 책임이 문제죠."

"구체적으로 말씀해주세요."

"사외이사는 위험부담이 상당히 큽니다. 이사회 결정에 문제가 발생하면 언제든지 소송에 휘말릴 수 있어요."

최근 회사 측 결정에 이의를 제기한 노조가 이사를 상대로 법적 대응에 들어갔다는 뉴스 기사가 문득 떠올랐다. 비즈니스 마인드를 넘어서는 리걸 마인드가 필요한 이유가 바로 이것이다. 모든 것이 돈 하나만으로 결정되지는 않기 때문이다. 의외로 돈 이외의 요인이 크게 작용하는 경우도 많다. 사외이사에 대한 법적 보호장치가 궁금해졌다.

"이럴 때는 사실 '임원배상책임보험'이라는 보험에 가입할 수 있어요."

"아하! 보험가입만 하면 되는군요."

"네. 하지만 자금사정이 좋은 대기업에서나 가능한 일이죠."

"사외이사라고 해서 무작정 부러워할 건 아니란 말씀이군요?"

"그렇죠. 권리와 책임을 비교해보고 신중히 판단해야 합니다. 직업이 변호사인 저로서는 상당한 부담입니다."

이윤극대화를 추구하는 비즈니스 마인드와 책임최소화를 지향하는 리걸 마인드가 상충하는 대목이다. 협상에서는 이 두 가지 기본원칙이 서로 상호작용한다. 서로 엇갈리기도 하지만 서로 보충하는 경우도 있다. 사외이사와 관련해서는 두 가지 원칙이 서로를 보완한다고 볼 수 있다. 동전의 양면과 같은 셈이다. 경제적 이익이라는 화려한 앞면과 법적 책임이라는 어두운 뒷면을 모두 감안해야 한다. 협상에서도 이러한 양면성이 존재한다. 겉으로 보이는 명분도 있지만 내적 실리도 작용을 한다. 다르다고 해서 명분과 실리를 분리해서 판단해서는 안 된다. 성공하는 협상가는 명분과 실리를 큰 틀에서 하나로 보고 상호균형을 추구한다.

# 06

# 딜메이커는 집착하지 않는다

협상의 세계에서도 적자생존의 원리가 적용된다. 강한 자만이 살아남는다. 하지만 강한 자가 늘 강한 것은 아니다. 약한 자도 강해질 수 있다. 강해지기 위해서는 문제점을 정확히 파악하고 지적할 수 있는 능력이 필요하다. 또한 그에 따른 책임을 질 수 있는 두둑한 배짱과 한번 시작하면 끝까지 간다는 투철한 의지도 필요하다. 만약 상대 측이 법률상의 특정조항을 들먹이며 강하게 나올 경우, 그보다 강한 조항을 찾는 것이 중요하다. 당연한 것처럼 여겨지는 것, 헛된 권위에 속지 않는다면 충분히 강해질 수 있다. 또한 법조항에 너무 집착하지 마라. 대인관계를 악화시킬 수 있기 때문이다. 너무 상대방을 몰아세울 것이 아니라 절제하는 미덕이 필요하다.

지피지기 역시 중요하다. 협상의 기본원칙 중에 하나이기도 하다. 협상에서 유리한 위치를 차지하려면 정보력도 반드시 필요하다. 최악의 시나리오는 잘못된 정보를 믿고 오판을 하는 것이다. 정보의 정확성을 확인하는 절차도 중요하다. 돌다리도 두들겨 가라.


## [ 강한 자만이 살아남는다 ]

앞서 딜메이커는 팩트에 근거해서 판단한다고 하였다. 그런데 이러한 태도를 취할 때도 주의할 점이 있다. 바로 그 팩트에 지나치게 집착해서는 안 된다는 점이다. 예컨대 고정관념에 집착해서는 안 된다. 아무리 눈에 뻔히 보이는 팩트라고 해도, 그것이 항상 옳은 것은 아니기 때문이다. 모두가 사실이라고 말해도 의심이 간다면 확인해보는 태도, 딜메이커에게는 그러한 유연한 자세가 필요하다. 무엇이든지 맨 처음이 어려운 법이지, 막상 해보면 금세 익숙해질 것이다.

미국 미시간 주에 있는 한 유료주차장에서 생긴 일이다. 주차 시간과 요금을 자동으로 표시해주는 파킹미터에 쿼터 2개(50센트)를 넣었다. 당시 파킹미터는 두 시간 시간제한이 있었고 15분당 25센트였다. 디디딕! 새로 구입한 파일럿 시계의 원형회전판을 돌려 현재시간 분침에 맞도록 동기화했다. 주차시간을 정확히 측정하기 위해서이다. 옆에 있는 편의점에서 볼일을 보고 계획보다 10분 정도 빨리 주차장으로 돌아왔다.

"TIME EXPIRED. (주차시간 초과)"

그런데 이게 웬일인가. 주차시간 초과 딱지가 차 유리창에 떡하니 놓여 있었다. 도대체 이해가 되질 않았다. 파일럿 시계의 분침이 이제야 20분을 가리키고 있었기 때문이다. 딱지의 뒷면을 자세히 읽어보았다.


**아래의 박스 중 하나에 체크하십시오.**

□  1) 과태료 동봉 (제발 현찰은 보내지 마세요.)

□  2) 우편 이의제기 (차량 등록 소유주의 서명된 진술서와 증거를 동봉하세요.)

□  3) 청문회 요청


잠시 고민을 했다. 주차위반 벌금 10달러를 물지 않기 위해서 이의제기를 하는 것이 과연 합리적인가에 대해서였다. 진실추구도 중요하지만 배보다 배꼽이 커지는 것은 아닐까 우려됐다. 하지만 돈의 액수만이 중요한 것은 아니었다. 고장 난 주차미터가 계속 방치될 경우 제2, 제3의 선의의 피해자가 생겨날 것이기 때문이다. 난생처음 공권력 집행에 이의제기를 했다. 손이 살짝 떨리기까지 했다. 주차위반 딱지의 번호 2번(우편 이의제기)에 체크를 한 후, 기기고장이라고 적었다. 일주일 후, 경찰서에서 편지가 왔다.

"해당 주차미터가 고장 난 사실이 확인됐습니다."

그때 느낀 스릴은 아직도 생생히 기억난다. 공권력을 행사하는 경찰과 맞대결이라도 한 느낌이 들었다. 경찰은 주차위반 딱지에 세 가지 선택권을 제시했다. 벌금납부, 이의제기, 청문회 요청이다. 대부분의 경우, 바쁜 현대인들은 억울하지만 주로 첫 번째를 선택한다. 경찰과 마찰을 일으키는 것 자체가 부담스럽기 때문이다.

협상의 세계에서도 비슷한 원리가 적용된다. 약한 자는 강한 자를 맞닥뜨리면 부담스러운 마음에 회피하고 싶은 생각이 든다. 그래서 결국 또 강한 자만이 살아남는다. 그렇지만 강한 자가 늘 강한 것은 아니다. 약한 자도 강해질 수 있다. 강해지려면 우선 문제점을 정확히 파악하고 지적할 수 있어야 한다. 또한 그에 따른 책임을 지겠다는 태도도 필요하다. 승부의 세계는 냉혹하다. 한번 시작했다면 끝까지 간다는 강한 의지가 필요하다.

### 법대로 하시죠! | 더 강한 조항을 찾아내라

"문자 왔숑!"

어느 날 예상치 않은 문자 하나를 받았다. 소액결제 확인문자였다. 액수는 6천 원으로 처음 들어보는 회사 이름이 찍혀 있었다. 휴대전화 소액결제를 거의 하지 않는 필자로서는 상당히 의아했다. 도대체 무슨 결제일까? 회사 이름을 인터넷으로 검색해보았다. 회사홈페이지를 찾는 데는 성공했지만, 인터넷 사업을 한다는 간략한 내용을 제외하고는 자세한 사항은 찾아볼 수 없었다. 결국 확인 전화를 걸었다.

"제가 쓰지 않는 소액결제 처리가 된 것 같습니다."

"주민등록번호 앞자리가 어떻게 되세요?"

뭔가 뒤적이던 직원은 곧 답변했다.

"고객님은 저희 소프트웨어에 대한 월 이용료를 납부하고 계십니다."

"무슨 프로그램이요?"

"○○○입니다."

"처음 들어보는데요."

"고객님이 계약한 대로 매월 6천 원씩 지난 4개월간 휴대전화 자동결제 중입니다."

"뭐라고요? 4개월씩이나요?"

큰 소리로 항의를 하자 담당직원은 멈칫했다. 그러더니 답변을 이어갔다.

"고객님의 신상정보는 ○○회사가 저희 회사로 인수되면서 승계됐습니다."

"○○회사도 금시초문인걸요!"

"혹시 인터넷에서 ○○회사 제품의 베타 버전을 다운받으신 적이 없으신가요?"

곰곰이 생각해보니 10년 전쯤에 다니던 직장에서 비슷한 프로그램을 다운로드받은 적이 있었다. 무료로 사용하는 베타 버전이라 휴대전화 번호를 입력했던 것 같았다. 사용기간이 지난 후에는 하드 드라이브에서 삭제했고 그 후로는 단 한 번도 사용을 안 했는데 이게 어찌된 일인가?

"베타 버전을 다운받긴 한 것 같은데요."

"맞습니다. 10년간 사용해오셨습니다."

"베타 버전은 사용기간이 지나면 계약이 종료되는 것 아닌가요?"

"꼭 그렇진 않습니다. 고객님이 탈퇴신청을 하지 않으셨어요. 4개월 전부터, ○○○ 프로그램을 유료로 전환했습니다."

"……."

"올 초에 관련 고지를 이메일로 보내드렸는데요."

"워낙 비슷한 이메일이 많이 와서 눈여겨보진 않았습니다."

"죄송합니다만, 저희 책임이 아닙니다."

"뭐라고요? 이건 명백한 불법행위입니다."

"아닙니다. 저희는 분명히 이메일 고지를 드렸습니다. 약관상 30일 이내에 개인정보 승계를 거절하지 않으시면 동의하신 걸로 간주합니다."

'개인정보 보호법'을 악용한 신종 사기였다. 그냥 물러날 순 없었다. 잠시 대응전략을 생각해봤다. 상대방은 사용자 이용약관 조항을 근거로 필자의 논리를 공격하고 있었다. 눈에는 눈, 이에는 이. 보다 강력한 법조항을 찾아서 대응하기로 결심했다. 사실 10년 전

일이라 정확히 기억이 나질 않아서 쉽지 않았다. 특히 서비스 약관 내용은 전혀 기억에 없었다. 어설프게 대응하면 오히려 역공을 당할 수도 있다. 상대방은 이용자가 10년 전 일을 잘 기억하지 못할 것을 예측하고 미리 함정을 팠기 때문이다. 확실한 한 방이 필요했다. 기본적인 법 논리로 대응하기로 했다.

"당신 회사의 영업행태는 불법입니다."

"왜죠?"

"10년 전에 동의한 것은 베타 버전 이용에 관한 것입니다. 베타 버전의 사용기간이 지난 후, 모든 법적 관계가 소멸되기 때문이죠."

"(큰 소리로) 고지기간 내에 거절 안 하셨잖아요!"

"그건 중요하지 않습니다."

"왜죠?"

"애초의 동의내용과 다르기 때문이죠. 멤버십을 탈퇴하지 않았다고 해서 베타 버전을 계속 사용했다고 볼 순 없죠. 제 ID 로그인 기록을 확인해보셔서 잘 아실 텐데요."

기술적인 지적에 상담직원은 순간 멈칫거렸다. 예전에 소프트웨어 개발 회사를 클라이언트로 둔 적이 있었다. 그 와중에 알게 된 관련 업계의 공공연한 비밀 중 하나가 대부분의 소프트웨어 회사는 무료로 배포하는 베타 버전을 통해 이용자의 개인정보를 수집 및 보유한다는 사실이었다. 이렇게까지 했는데도 상담직원은 끝까지 환불 불가를 외쳤다.

"전 한 번도 휴대전화 소액결제에 대한 동의를 한 적이 없습니다."

급기야 민형사상 책임 이야기를 꺼내자 상담직원의 태도가 갑자기 누그러지더니 계좌번호를 알려주면 모두 환불해주겠다고 했다. 법조항을 악용해서 상대방에게 피해를 주는 경우에는 보다 강한 법조항으로 대응하는 방법이 효과적이다. 예를 들면, 민사소송으로 걸고 들어오면 형사소송으로 받아주는 식이다. 민사와 달리 징역형 처벌까지 가능한 형사소송을 반기는 사람은 없기 때문이다.

협상도 마찬가지다. 만약 상대 측이 특정 조항을 들먹이며 강하게 나온다면 그보다 강한 조항을 찾는 것이 중요하다. 협상은 서로한 발씩 양보해서 절충안을 찾아갈 때 가장 아름답지만, 명백하게 잘못된 것은 잘못되었다고 이야기할 줄도 알아야 한다. 당신 역시 눈앞에 보이는 것, 당연한 것처럼 여겨지는 것, 헛된 권위에 속지 않는다면 충분히 강해질 수 있다.

### 유명무실한 제도군요! | 정확한 정보가 힘이다

"안 박사님, 보내주신 보고서 잘 보았습니다."

국책연구소에 근무할 때, 당시 외교통상부 통상교섭본부의 외무관에게 전화를 받았다. 평소 친하게 지내던 터라 반갑게 대화를 나누었다. 얼마 전에 발간된 연구보고서에 대해 질문이 있다고 했다. 보고서의 골자는 미국통신법에 대한 법률분석이었는데, 국내에는 잘 알려지지 않은 몇 가지 사실이 수록됐다.

"〈뉴욕타임스〉 기사를 보니깐 외국회사가 미국 통신회사를 인수하던데요. 가능한 거죠?"

"네. 가능합니다."

"정보통신부에서는 외국인지분제한이 있어서 안 된다고 하던데요."

"아마 미국 법에 대한 이해가 부족해서 그랬을 겁니다."

"안 박사님, 별일 없으신 거죠?"

외무관 친구는 내 안부가 몹시 걱정되는 듯했다. 사실 보고서가 나온 후 연구소는 발칵 뒤집혔다. 보고서는 '대외비'로 결정되어 홈페이지 다운로드가 금지되기까지 했다. 국책연구소에서 사후로 대외비 처리를 하는 것은 매우 드문 일이다. 정부기관과의 관계를 최우선시하던 풍토에서 보고서 내용이 다소 충격적이었기 때문이다. 만에 하나 미운 털이라도 박히면 연구비가 대폭 삭감될지도 모른다는 우려가 이러한 결정을 낳은 것이다.

결국에는 공무원들이 가장 두려워하는 일이 벌어지고야 말았다. 그것은 바로 자신이 모르는 사실이 상부에 보고되는 것이다. 윗선 호출로 회의실에 가서 무방비 상태로 혼쭐이 나는 사태가 벌어졌다. 미국 통신법에 대한 정확한 이해가 부족했던 담당부처가 곤혹스러운 것은 당연했다. 논란의 핵심은 〈뉴욕타임스〉 기사 내용처럼 외국인 사업자가 미국 통신회사를 법적으로 인수할 수 있다는 사실이다. 그 사실을 정확히 이해하지 못한 담당직원은 난감할 수밖에 없는 상황이었다. 미국은 허용하는데 우리만 금지하는 것이다. '맞불작전'을 구사해야 한다는 협상 대응논리의 근거가 없어진 것이다. 설상가상으로 외교통상부 등 타 부처에 미국처럼 우리도 외국인지분제한을 유지하고 있다고 허위보고를 한 셈이 됐다. 양치기 소년이 되어버린 담당부처의 주장은 더 이상 청와대 및 타 부처에서 인정받지 못했다.

미국 무역대표부의 숙원사업 중에 하나가 국내 통신사업자에 대한 외국인지분제한을 철폐하는 것이다. 그들의 논리는 간단했다. Quid Pro Quo. 즉 답례를 하라는 것이다. 미국 정부가 자국시장을 개방하는 수준만큼 개방을 하라는 주장이다. 이러한 논리는 WTO에 가입한 후부터 끊임없이 이어졌고, 담당부처는 매번 새로운 대응논리를 개발하느라 부심했다.

"외국인지분제한이 뭔가요?"

"외국인, 외국 정부, 외국 기업이 특정 기업의 지분을 취득하는 것을 제한하는 거죠."

"그런데 어떤 방법으로 취득할 수 있죠?"

"직접과 간접으로 나눌 수 있는데, 간접은 제3의 회사를 통하는 것이지요."

"네에?"

"그러니까 예를 들면, KT가 미국 뉴욕 주에 KT 뉴욕지사를 설립하는 겁니다."

"KT는 한국 회사 아닙니까?"

"국내 본사는 그렇죠. 미국 법에 따라 설립된 뉴욕지사는 미국 회사죠."

"아하! 현지 법인만 설립하면 가능한 거군요?"

"네. KT가 뉴욕 지사를 통해서 미국 무선 통신회사 지분을 기술적으로 100퍼센트 인수할 수 있죠."

미국 콜롬비아 로스쿨 출신인 외무관은 내 말을 금세 알아들었다. 그의 집요한 질문공세는 계속됐다.

"정부 차원의 안전장치가 있지 않나요?"

"네. 외국 회사가 간접지분을 25퍼센트 이상 취득하면 '공익성 심사'라는 것을 하죠."

"심사기준이 까다롭진 않나요?"

"꼭 그렇지는 않습니다. 리서치 결과, '공익성 심사'에서 탈락한 경우는 단 한 건밖에 없었거든요."

"유명무실한 제도군요!"

"법적인 안전장치라고 보시면 됩니다. 거절한 적은 없으나 언제든지 거절할 수 있는 거죠."

"코에 걸면 코걸이, 귀에 걸면 귀걸이인 셈이군요."


국제통상 협상전략을 수립할 때는 상대국 법률에 대한 이해가 선행되어야 한다. 법률분석을 마친 후에는 실제 관행(practice)을 확인해 보는 별도의 절차도 반드시 거쳐야 한다. 법률 제정과 집행은 큰 차이가 있기 때문이다. 아무리 훌륭한 법이라도 집행에 문제가 있거나 집행 자체를 하지 않는다면 문제가 발생할 수 있다. 외국의 공공정책을 연구할 때는 법률조항에만 맹목적으로 집착하지 말고 관련 사실과 비교분석하는 것이 중요하다. 전체 그림을 볼 수 있는 넓은 시야가 필요하기 때문이다.

지피지기백전불태는 《손자(孫子)》의 '모공' 편에 나온다. 적과 아군의 상황을 비교분석한 후 승산이 있을 때 싸운다면 백 번을 싸워도 결코 위태롭지 않다는 뜻이다. 지피지기는 협상의 기본원칙 중에 하나이기도 하다. 협상에서 유리한 위치를 차지하려면 정보력이 반드시 필요하다. 최악의 시나리오는 잘못된 정보를 믿고 오판을 하는 것이다. 그렇기 때문에 정보의 정확성을 확인하는 절차도 중요하다. 정확한 정보의 부재는 백전백패의 지름길이 될 수 있다.


## 〔 확인하되, 집착은 버린다 〕

"FCC는 독립적인 정부기관이다!"

미국 연방통신위원회(FCC) 국제협력국에서 인턴으로 근무할 때 자주 듣던 말이다. 처음에는 그 속에 담긴 오묘한 뜻을 잘 이해하지 못했다. 너무 궁금해서, 관련 법령을 수차례 검토해봤지만 모두 헛수고였다. 미국 통신법 어디에도 'FCC는 독립된 정부기관'이라고 쓰여 있지 않았다.

어느 날 오후 국제통신연합(ITU) 회의 참석 자료를 준비하던 중이었다. 과장급 공무원 둘이서 자료집 표지를 어떻게 꾸밀까에 대해 회의를 하고 있었다. 그날도 같은 이야기가 되풀이됐다.

"마이클, 책자 표지에 'FCC는 독립된 정부기관이다'라고 쓰면 어떨까요?"

"조나단, 그거 좋은 생각입니다. 그렇게 하죠."

"준, 'FCC는 독립된 정부기관이다(FCC is an independent agency)'라고 큼지막하게 써주세요."

로스쿨까지 졸업한 법률 인턴을 무슨 고등학생 알바생쯤으로 생각하나? 자신들도 모두 로스쿨 출신이면서 이런 허드렛일을 시키다니. 개구리 올챙이 시절을 모른다는 말이 문득 떠올랐다. 당시 미국 연방통신위원회 직원 2천여 명 중에 약 25퍼센트인 500명가량이 변호사였다. 웬만한 대형 로펌 규모였다. 갑자기 궁금해졌다.

"마이클, 질문이 하나 있습니다."

"뭔가요?"

"정확히 통신법 몇 조 몇 항에 'FCC는 독립 정부기관이다'라는 말이 나오죠?"

질문이 끝나자마자 회의실 분위기는 순식간에 싸늘해졌다. 방금 전까지 맞장구를 치며 좋아하던 마이클과 조나단은 말없이 회의실을 떠나버렸다. 몹시 무안했던 모양이다. 리걸 마인드란 주장의 근거가 되는 관련 조항부터 확인하는 것이 특징이다. 돌다리도 두드려보고, 모든 것이 법률에 의해 결정된다는 사고방식이 바로 리걸 마인드이기 때문이다. 그렇기에 항상 환영을 받지는 못한다. 상대방이 원하는 방향에 법률적 근거가 없을 경우에는 심기를 건드릴 수 있다. 긁어 부스럼이다. 더군다나 법적 근거가 없는 주장을 한 장본인이 변호사 등 같은 법조인일 경우에는 더욱 무안해질 수 있다.

법조인들이 자주 범하는 실수 중에 하나가 법조항에 너무 집착한 나머지 대인관계를 악화시키는 것이다. '다리를 불태우지 마라(Don't burn the bridge)'는 영어 속담이 있다. 언제든 돌아올 수 있도록 다리만은 남겨두라는 의미다. 쥐도 구석에 몰리면 고양이를 문다. 너무 상대방을 몰아세울 것이 아니라 절제하는 미덕이 필요하다. 돌다리도 너무 세게 두드리면 무너질 수 있기 때문이다.

### 측면돌파가 효과적이죠 | 나무뿐 아니라 숲을 봐라

"안 박사님, 소문 들으셨어요?"

싱가포르와의 FTA 협상 중에 생긴 일이다. 어느 날 아침식사 시간에 모 부처의 사무관이 헐레벌떡 뛰어와서 내 옆에 앉았다. 그러더니 몹시 긴박한 목소리로 말을 꺼냈다.

"이번 라운드까지 협상타결이 안 되면 문제가 생길 것 같습니다."

"왜죠?"

"다음 라운드에는 아예 수석대표급 협상을 진행한대요."

"그래요?

"부처별 협상이 지지부진하니깐 위에서 속이 바짝 타는 거겠죠."

갑작스런 비보에도 나는 거의 동요하지 않았다. 내가 담당하던 통신서비스 분야는 협상이 순탄하게 진행되어서 수석대표급 협상 안건에 올라갈 일이 없기 때문이었다. 협상진행이 느린 부처는 발등에 불이 떨어졌다. 안팎으로 궁지에 몰릴 것이 뻔했다. 내부적으로 부처 책임자에게 시달리고, 외부적으로는 수석대표에게까지 잔소리를 들어야 하기 때문이다. 외우내환이다.

"저희 분야는 협상진행이 거의 안 되어서 걱정입니다."

"어떻게 하실 계획인가요?"

"아무리 급해도 손해 보는 협상을 할 순 없잖아요!"

중앙부처의 통상 팀은 애로사항이 상당히 많다. 사방에서 잡아먹으려고 난리이기 때문이다. 사공이 많으면 배가 산으로 가듯 너무 많은 사람들이 간섭을 하다 보니 정작 협상 테이블에 나온 대표들은 운신의 폭이 상당히 좁아진다. 싱가포르와의 자유무역협정 협상에는 2개의 총괄부처가 있었다. 전체 협상 분야를 상품과 서비스로 나누고, 전자는 산업자원부가 후자는 외교통상부가 맡았다. 정보통신부, 문화관광부 등의 기타 중앙부처는 외교통상부로부터 시장개방 압박을 받는 경우도 발생한다. 총괄부처로서 전체적인 이익균형을 맞추다 보니 특정 부처에 시장개방 요구를 해야 하는 부득이한 경우가 발생하기 때문이다. 그렇지만 외교통상부가 항상 '공공의 적'은 아니다.

"걱정 마세요. 아직 완전히 끝난 건 아닙니다!"

지나가던 외교통상부 사무관이 씩 웃으면서 옆 자리에 앉았다. 뭔가 혼자 비밀을 알고 있는 듯한 느낌이 들었다. 여기서 잠깐 외교통상부 외무관과 사무관의 차이점을 짚어보자. 외무고시를 합격하고 임용된 사람만을 외무관이라고 부른다. 외교통상부에 근무한다고 해서 다 외무관인 것은 아니다. 사무관은 행정고시를 합격한 후, 산업자원부 등의 타 부처에서 옮겨온 공무원 또는 공개채용을 통해 선발된 계약직 공무원을 의미한다. 이런 태생적 차이점 때문에 두 그룹 간에는 보이지 않는 알력이 존재했다. 외무관보다는 사무관들이 타 부처 사람들과 더 잘 어울리는 이유도 바로 여기에 있다. 다시 사무관 이야기를 들어보자.

"분야별 협상 말고도 다른 방법이 있습니다."

"(귀를 쫑긋 세우면서) 그게 뭔가요?"

"'수평양허(horizontal commitment)'가 있지요. 모든 분야에 동시에 적용하는 양허를 말합니다. 통신, 금융 등 분야별 협상에서는 '수직양허(vertical commitment)'를 사용합니다."

"전체를 한꺼번에 묶는 거군요?"

"네. 부처별로 수직양허 협상만 하다 보면 일관성, 형평성 등의 문제가 발생할 수 있죠. 미국 등 선진국에서는 수평양허를 자주 활용합니다."

"장점은 뭔가요?" "전체를 한 번에 묶기 때문에 협상 레버리지도 상당히 크죠."

"많이 얻어 올 수 있다는 거군요."

"그렇죠. 양허전략 수립도 수월하죠."

성공하는 협상가는 협상 전체를 보는 넓은 시야가 필요하다. 나무뿐만 아니라 숲을 보는 것을 의미한다. 각 분야별 수직적 협상전략과 전 분야를 아우르는 수평적 협상전략이 서로 조화를 이뤄야만 성공적인 협상 결과를 도출할 수 있다. 최악의 시나리오는 앞뒤가 맞지 않는 것이다. 부처별 협상 결과가 서로 상충하는 곤란한 상황이 발생할 수도 있기 때문이다. 이럴 경우 총괄부처의 역할이 중요하다. 이견이 발생한 수직양허 내용을 수평적으로 해결하는 내부조율의 기술이 필요하다.

정면돌파보다 측면돌파가 문제해결에 유리한 경우는 우리 일상생활에서도 쉽게 접할 수 있다. 공격이 아니라 방어하는 입장에서도 똑같은 원리가 적용된다. 상대방의 질문에 정면으로 반박했다가는 오히려 역공을 당할 수도 있다. 테니스 경기에서 강하게 들어오는 상대 선수의 공을 방향만 살짝 바꿔주는 것과 유사하다. 힘 조절이 중요하다. 강하게 들어오는 공은 조금만 세게 받아쳐도 코트 밖으로 나가기 쉽기 때문이다.

상암 월드컵경기장에서 생긴 일이다. 수만 명이 운집한 경기장 구석구석에는 안전요원이 즐비했다. 3층에 자리를 잡고 콘서트 시작 직전에 화장실 앞에 줄을 서 있었다. 바로 옆에선 지하 1층에 있는 선수대기실에 가려고 엘리베이터를 타려는 가족과 막아서는 검정색 반팔 티셔츠를 입은 안전요원 사이에 실랑이가 오가고 있었다.

"제 아들이 보조출연자로 출연해서요."

안전요원은 잠깐 머뭇거렸다. 고민이 된 것이다. 출연자 가족을 막무가내로 막기에는 무리가 있었다. 반대로 진짜 출연자 가족인지 확인을 할 수 없다는 기술적 문제도 있었다. 여기서 중요한 것은 어떻게 방향 바꾸기를 할 것인가이다. "경기장 스태프 패스를 안 한 사람은 절대로 안 됩니다"라고 했다간 언성이 높아질 수도 있는 상황이었다.

"저기 앞에 계신 검정색 티셔츠 입은 분께 물어보세요!"

코너에 몰린 안전요원은 자신의 상급자에게 공을 던졌다. 똑같은 질문을 상급자에게 하자 전혀 새로운 대답이 나왔다.

"밖으로 나가서서 1층으로 들어가시는 게 제일 빠릅니다."

공연 시간이 임박한 탓에 가족들은 머뭇거렸다. 안전요원의 말을 곧이곧대로 믿기 어려웠기 때문이다. 안전요원이 핑계를 대는 것일 확률도 높았다. 안전요원처럼 측면돌파를 택할 경우에는 배경설명을 잘해주어야 한다. 상대방을 배려하는 듯한 인상을 주는 것이 중요하다. "더 빠릅니다!" 또는 "제일 편리합니다!" 등의 답변에는 상대방이 정면으로 반박하기 어렵다. 엘리베이터를 못 타게 하려는 것이 아니라 가장 좋은 길을 알려주는 것이기 때문이다. 가족들의 고민은 다른 데 있는 듯했다. 괜히 나갔다가 정작 1층 출입구에서 차단당하면 소위 '똥개 훈련'만 하고 돌아올지도 모르기 때문이다. 어쩌면 1층 안전요원은 "여기는 출연자 전용 입구입니다. 3층 엘리베이터를 사용하세요!"라고 할지도 모른다.

앞서 설명한 FTA 수평양허안이 '수평적' 협상전략이라면 축구경기장 엘리베이터 사례는 '수직적' 협상전략이라고 볼 수 있다. 총 3단계의 수직적 대응방식이다. 상대방이 강하게 나올 경우 자신보다 위에 있는 사람에게 공을 토스한다. 자신에게 비난의 화살이 날아오는 것은 막고 상대방을 여기저기로 '뺑뺑이' 돌려서 제풀에 지치게 하는 것이다. 가족들 입장에서는 조직적인 감언이설에 적절히 대응하려면 초반에 승부수를 던져야 한다. 나무만 보지 말고 큰 숲을 보고 전략적으로 접근하는 것이 중요하다.

# 나누고 흔들고
# 주고받아라

## 협상의 절충안을 만드는 방법

협상이 교착상태에 빠지면 어떻게 거기서 빠져나올 수 있을까? 협상가의 중요한 기술 중 하나는 바로 출구전략이다. 양측의 주장이 서로 평행선을 그리며 합의점을 찾지 못할 때는 절충안을 만들 필요가 있다. 이번 파트에서는 나누기, 흔들기, 주고받기의 세 단계로 출구전략을 분류한다. '나누기'는 복잡한 문제를 바라보는 관점을 분리하여 고정관념의 틀을 깨는 참신한 제안하기, '흔들기'는 상대방의 마음을 사로잡을 수 있는 역제안하기, '주고받기'는 제안과 역제안 모두를 적절히 수용하는 새로운 제3의 절충안 만들기이다. 세 가지 기술을 한 번에 묶는 콤비네이션 전략도 가능하다.

# 07

# 나누기 : 참신한 제안하기

협상 첫 단계에서의 '나누기 기술'은 이슈를 나누는 것부터 그룹을 분리하는 것 등 매우 다양하다. 특정 이슈를 잘게 분리해서 자신에게 가장 유리한 조합을 만들기도 하고, 공감대를 가진 사람들로 구성된 소그룹으로 분류하기도 한다. 성공하는 협상가는 분리와 분류 등의 나누기 기술을 잘 활용하는 사람이다.

## [ 신선한 아이디어를 제안하라 ]

'부엌에서 머리를 말리시나?'

어느 날, 초등학교 친구 집에서 생긴 일이다. 친구 어머니께서 헤어 드라이기를 들고 부엌으로 들어가셨다. 잠시 후 냉동실 문을 여신 후, 두꺼운 얼음벽 위에 헤어 드라이기를 바짝 들이대고 계셨다. 웽!~ 헤어 드라이기의 열로 냉동실에 두껍게 낀 '성에'를 녹이는 것이다. 난생처음 보는 진풍경이라서 물끄러미 바라보았다.

그런데 문제가 발생했다. 10분이 지나도 얼음이 도대체 녹을 기미를 보이지 않았다. 영하 20도 이하의 냉동실에서 꽁꽁 얼었던 얼음이 그리 쉽게 녹을 리 없었다. 친구 어머니는 몇 시간이라도 그 자리를 지키실 태세였다. 계속 구경을 하던 차에 내가 도리어 조바심이 났다. 세게 뿜어져 나오는 뜨거운 바람이 혹시나 냉동실 벽에 손상을 줄까 걱정도 됐다. 친구 어머니라서 조심스럽게 접근했다. 간접적으로 대안을 제시하고자 한 것이다.

"어머님, 팔 아프시죠?"

"괜찮아. 원래 얼음 녹이려면 오래 걸리는 거야!"

"제가 들고 있을까요?"

"괜찮다니깐!"

"저한테 다른 방법이 있습니다."

친구 어머니는 내 도움을 한사코 뿌리치셨다. 새로운 대안을 제시한다고 해도 들은 척도 안 하신다. 사람들은 쉽게 설득당하지 않는다. 다른 사람의 말을 듣는 것을 곧 자신의 실수를 인정하는 것으로 여기기 때문이다. 협상이 난항을 거듭할 때는 돌파구를 찾는 기술이 절실하다. 이럴 때는 협상 테이블 반대편에 앉은 상대방에게 신선한 충격을 주는 것이 효과적이다. 예상하지 못한 공격으로 상대방의 허를 찌르는 것이다.

"망치 좀 주세요!"

화들짝 놀라신 친구 어머니는 헤어 드라이기를 잠시 내려놓으셨다. 절대 안 된다고 고개를 설레설레 저으신다. 망치로 너무 세게 내려칠 경우, 냉동실까지 몽땅 부술 수 있기 때문이다.

"냉동실이 다 망가지는 건 아닐까?"

"아닙니다. 제가 책임질게요!"

큰소리를 쳤지만 내심 불안했다. 꽝! 힘차게 내리친 망치에 꽁꽁 얼었던 얼음벽이 우르르 무너졌다. 역시 열보다는 힘이 더 효과적이었다. 망치 에피소드는 고정관념의 틀을 깨는 신선한 아이디어를 '제안'하는 것이 얼마나 중요한지를 말해준다.

수십 년간 냉동실 결빙 문제를 헤어 드라이기로 해결하시던 친구 어머니에게 그것은 신선한 충격 그 자체이다. 또한 새로운 도전이기 때문에 가능성과 위험부담이 동시에 존재한다. 중요한 점은 상대방이 고려해볼 만한 가치가 있어야 한다는 것이다. 친구 어머니가 헤어 드라이기와 망치 사이에서 진지한 고민을 하신 것처럼 말이다.

## 〔 돌발변수는 항상 있다 〕

"미제가 왜 이래!"

미국 대학 기숙사 화장실에서 생긴 일이다. 볼일을 보고 두루마리 화장지를 쭉 잡아 빼는데 계속 끊겼다. 그다지 힘을 주지 않아도 너무 쉽게 끊겼다. 메이드인 유에스에이(Made in U.S.A.) 신화가 산산이 깨지는 느낌이었다. 룸메이트의 답은 의외로 간단했다.

"한 겹이라서 그래!"

"화장지도 겹 수가 있어?"

"두꺼울수록 비싸. 기숙사에서는 저렴한 한 겹을 쓰지."

"그랬구나!"

"옆방 마이클 알지?"

"응."

"걘 화장실 갈 때 매일 따로 화장지를 들고 다녀!"

"맞아! 나도 본 적 있어!"

"왜 그런지 이젠 알겠지? 걔 건 두 겹이거든."

아파트로 이사를 간 후, 두루마리 화장지를 사러 대형마트에 갔다. 화장지 섹션에서 열심히 아이쇼핑을 하며, 기숙사에서 썼던 한 겹짜리 화장지보다 더 튼튼한 두 겹 화장지를 물색 중이었다. 룸메이트 말처럼 화장지 겹 수에 따라서 가격대가 달라진다는 것을 새삼 확인했다. 겹 수가 많을수록 더 부드럽고 흡수력이 좋아지기 때문이다. 신상품 코너에 세 겹 화장지가 나와 있었다.

'어라! 세 겹도 나왔네!'

원래 구매하려던 두 겹보다 가격이 더 비쌌지만, 보다 강하고 흡수력이 뛰어나다는 광고카피에 한껏 매료됐다. 잠시 고민을 하다가 세 겹 화장지를 덥석 집었다. 쇼핑카트를 끌고 떠나려는 순간 옆에서 쭉 지켜보던 백인남자가 말을 건넸다.

"그건 안 사는 게 좋을 겁니다."

"왜죠?"

"제가 써봤는데요. 문제가 있습니다."

"무슨 문제죠?"

"안 들어갑니다."

"어디에요?"

"화장지 꽂이에 안 들어갑니다."

충동구매에 대한 신념이 흔들리기 시작했다. 세 겹 화장지를 원래 있던 선반에 돌려놓고, 두 겹 화장지를 샀다. 아파트에 돌아오자마자 화장지 꽂이에 넣어보았다. 꼭 맞았다! 친절한 백인 친구 덕분에 환불하러 갈 필요는 없었다. 무조건 가격이 높거나 기능이 향상되었다고 해서 소비자 입장에서 항상 좋은 것은 아니다. 예상치 못한 변수 때문에 더 안 좋아질 수도 있기 때문이다.

협상을 할 때도 어떤 정보나 자료를 근거로 분석하고 예측해도 전혀 예상치 않은 결과가 나오는 일이 비일비재하다. 절충안을 만들 때는 탄력적으로 접근하는 것이 좋다. 돌발변수를 감안해야 제대로 된 협상전략을 수립할 수 있기 때문이다.

## 돈이 한 푼도 없어요 | 복잡할수록 정곡을 찔러라

"형님, 같이 가주실래요?"

"어디에?"

"주택조합 건으로 문제가 생겨서요."

"왜?"

"아무래도 건설사 말이 이상해서요."

어느 날, 후배의 요청으로 아파트 입주자 회의에 따라간 적이 있다. 도착해보니 문제가 굉장히 심각했다. 2년 전 건설사가 법정관리에 들어간 후, 법원에서 강제명령이 나왔다. 회사를 회생시키려면 반드시 그 아파트 단지를 완공해야 한다는 조건이 붙은 것이다. 건설사 입장에서는 여기저기에서 자금을 끌어다가 투자할 수밖에 없었다. 법정관리로 자금난에 허덕이던 차에 엎친 데 덮친 격이었다. 문제는 다른 곳에서도 터졌다. 아파트 설계 당시 참여했던 시행사가 부도가 난 것이다. 일은 더욱 복잡해졌다. 시행사가 가지고 있던 모든 채권이 채권자에게 돌아갔고 그들은 조합원 개개인을 상대로 소송을 제기했다. 건설사 차장은 이해할 수 없는 괴변을 늘어놓았다.

"조합원들도 건설사와 공동책임입니다."

"왜죠?"

"그 은행계좌는 조합원과 건설사가 함께 서명을 해야만 출금이 가능하기 때문이죠."

"그게 무슨 말인가요?"

"조합장이 돈을 가지고 장난을 칠까 봐서 미리 안전장치를 만들어놓은 겁니다."

"왜 공동책임이죠?"

"양측의 합의가 있어야만 금융거래가 가능하기 때문이죠."

30분 이상 실랑이가 계속됐다. 무슨 이야기를 하는지 도무지 이해가 되지 않았다. 논리적으로 말이 안 되기 때문이다. 구체적으로 세부내용을 파고들기로 했다. 우선 책임 범위를 검토해보았다.

"제 후배 조합원은 건설사와 공동책임을 질 필요가 없습니다."

"아까 설명해드렸잖아요. 공동서명이 필요합니다."

"그건 법적으로 중요하지 않습니다."

"왜죠?"

"차장님이 말씀하신 공동서명은 '공동인출권자'를 의미하는 것이니까요."

"……."

"공동인출권자의 책임은 인출방식으로 한정됩니다. 두 사람 이상이 동시에 서명해야 하는 거죠. 계좌명의는 누구로 되어 있나요?"

"저희 회사입니다."

"그렇다면, 예금주인 건설사의 책임입니다!"

바로 그때 차장의 얼굴에서 미세한 움직임이 포착됐다. 마치 거짓말탐지기로 제대로 들킨 사람처럼. 감정을 추스르는 듯한 표정을 몇 초간 짓더니만 금방 고개를 끄덕였다. 의외였다. 단 한마디의 대꾸도 하지 않았다. 찍소리도 못하게 정곡을 찔렸기 때문이다. 모든 내용을 정확히 파악하고 있던 차장은 자신에게 유리한 방향으로 몰아가려고 중요한 사실을 은폐해온 것이다. 그가 진짜 숨기고 싶은 사실은 과연 무엇일까?

"최악의 경우 조합원들이 납부한 금액을 보내주면 되지 않나요?"

"사정이 있습니다."

"뭔가요?"

"저희 회사가 파산신청을 한 후, 채권단에서 그 계좌의 돈도 이미 다 빼갔습니다."

"그럼 계좌에 돈이 한 푼도 없다는 말씀인가요?"

"네."

돈을 모두 납부한 조합원들만 피해를 보고 있는 상황이었다. 건설사가 부도가 나자 그들의 명의로 되어 있던 조합원 계좌의 돈까지 다 압류당한 것이다. 돈을 뺏긴 것으로 끝나면 다행이다. 건설사로부터 돈을 받지 못한 시행사가 부도나자, '제3 채권자들'이 조합원을 상대로 민사소송을 제기했기 때문에 문제는 더욱 심각했다. 며칠 후, 후배한테서 전화가 걸려왔다. 건설사에서 조합원들에게 환불해주겠다고 계좌번호를 알려달라고 했단다.

건설사 차장처럼 사람들은 자신에게 불리한 이야기는 잘 하지 않는다. 특히 부도난 회사는 다른 사람들을 다 물고 늘어지는 물귀신 작전을 펼치는 경우가 많기 때문에 주의해야 한다. 이럴 경우, 상대측의 논리적인 허점(공동인출권자)을 신속히 파악한 후, 확실하게 이의(예금주)를 제기하는 것이 좋다. 구두뿐만 아니라 '내용증명서' 등의 서면으로 작성하면 더욱 효과적이다. 말로만 하면 진지하게 받아들이지 않기 때문이다. 그런 이야기를 못 들었다고 시치미만 뚝 떼면 되기 때문이다. 모든 것을 기록으로 남기는 것이 중요하다. 특히 이해관계가 얽히고설킨 경우는 더욱 그렇다.

위 사례처럼 협상에서는 항상 돌발변수가 존재한다. 건설사 차장은 대부분의 조합원들은 전문지식이 부족하니 자신의 주장에 반론을 제기하지 못할 것이라고 판단했을 것이다. 물론 대부분의 경우는 그랬을 것이다. 정곡을 콕 찌르는 나의 문제제기는 오히려 참신한 제안(!)으로 들렸을지도 모른다. 예상치 않은 상황이 발생할 경우, 담담하게 대응하는 것이 상책이다. 어설프게 강하게 나갔다는 크게 당할 수도 있다. 되로 주고 말로 받는다. 강공을 펼치다가도 빠질 때는 깨끗하게 빠지는 것이 좋다. 최소한 마무리는 깔끔하게 지을 수 있으니까. 협상이 끝나도 서로간의 관계는 오래 지속되는 경우가 많기 때문이다.

# [ 유리한 크기로 나눈다 ]

상대적인 관점에서 본다면, 협상전략에는 큰 원칙이 하나 있다. 공수 위치에 따라 적용범위를 조절하는 것이다. 상대방의 논리를 공격할 때는 최대한 좁게, 내 논리를 방어할 때는 최대한 넓게 하면 된다. 공격할 때는 상대방의 약점을 집중적으로 공략하고, 방어할 때는 상대방의 공격을 무력화시키는 '물 타기 전술' 등이 필요하다. 내가 방어할 때는 상대방이 문제를 제기하는 부분보다 넓은 범위로 이슈를 확대하고 화제를 전환시키는 것이다. 그런데 이 전략에도 문제점은 있다. 계속 회피하다 보면 협상진행 자체가 어려워질 수 있다. 적절한 완급조절이 성패를 좌우한다. 조절은 필요하지만 일단 기본원칙을 꼭 기억하자! 공격할 때는 좁히고, 방어할 때는 넓힌다.

**어금니의 범위** | 상황에 따라 넓히고 좁혀라

"이도 없는데 뭐하니?"

"이가 왜 없어! 아래위에 2개씩 4개나 있는데."

"그건 앞니잖아! 어금니가 없으니깐 씹을 수가 없지!"

"난 앞니로 씹을 수 있어."

11개월짜리 딸과 아빠의 대화를 한번 상상해보자. 딸이 고사리 손으로 돼지족발을 꽉 감싸들고 열심히 뜯고 있다. 아빠와 딸은 서로 다른 주장을 펼친다. '이'라는 같은 단어를 사용했지만, 적용범위는 각각 다르다. 아빠 입장에서 '이'는 어금니를, 딸에게는 앞니를 의미한다. 아빠는 '앞니'로는 고기를 씹을 수 없기 때문에 고기를 씹을 수 있는 '이'의 범위에는 어금니만이 포함된다고 주장한다. 하지만 딸은 앞니로도 충분히 고기를 씹을 수 있다고 주장한다. 갈등의 핵심은 딸이 돼지족발을 과연 씹을 수 있는가이다. 아빠는 '부위'별 기준에 따라 자신의 주장을 펼친다. 앞니, 송곳니, 어금니, 사랑니 등 부위별로 나눌 경우, 질긴 음식을 씹는 부위는 어금니라는 주장이다. 그러므로 어금니가 없는 아기는 고기를 씹을 수 없다는 결론에 다다른다. 반면 딸은 '기능'을 강조한다. 일반적으로는 어금니로 음식을 씹지만 다른 부위로도 씹는 '기능'을 대체할 수 있다는 주장이다. 어금니가 없으면 앞니로 씹는다는 게 딸이 내세우는 주장의 핵심이다.

여기에서 아빠는 공격수, 딸은 수비수가 된다. 공격할 때는 집중하고, 수비할 때는 물 타기 또는 화제전환을 한다. 아빠는 딸에게 어금니가 없다는 사실을 집중적으로 공격하고, 딸은 앞니로 어금니의 기능을 대체할 수 있다고 주장한다.

협상의 절충안을 만들 때 유리한 크기로 나눈다는 것은 상대적인 개념이다. 어금니 토론에서 아빠는 공격, 딸은 수비를 맡았다. 앞서 설명한 '유리한 크기로 나눈다'는 어떤 개념일까? 아빠는 어금니로만 씹을 수 있다는 입장이므로 부위별 기준으로 어금니에만 집중할 것이다. 반대로 딸은 앞니로도 씹을 수 있다는 입장이기 때문에 보다 광범위한 기능별 기준으로 접근할 것이다.

상대방의 입장을 공격하는 입장에서는 세부적으로 들어갈수록 유리하다. 구체적인 논리의 허점을 공략하면 승리할 수 있기 때문이다. 즉 '앞니=씹는 기능'의 공식만 깨면 된다. 반면 자신의 논리(앞니=씹는 기능)를 방어해야 하는 딸은 논쟁이 앞니라는 부위가 아니라 '씹는다'는 기능에 집중해서 범위를 더 넓혀야 유리하다. 씹을 수만 있다면 어떤 부위든 괜찮다는 것이다. 어쨌든 송곳니로도 씹을 수야 있는 것 아닌가!

### 둘로 나눌 수 없는 경우 | 계산보다 본질에 집중하라

"탄두리 치킨 주세요."

"전 치킨 마크니에 갈릭 난 추가해주세요."

광화문 파이낸스빌딩 지하에 있는 인도 레스토랑에서 생긴 일이다. 캐나다 친구는 치킨 바비큐를, 필자는 치킨카레와 인도 전통 빵을 주문했다. 맛있게 점심식사를 마친 후, 둘은 계산대로 향했다. 외국 친구라서 각자 자신의 식사비를 지불하는 '더치페이(Dutch Pay)'를 하기로 중지를 모았다.

"총 48,500원입니다."

캐나다 친구가 유창한 한국어로 계산대 여직원에게 말했다.

"더치페이로 해주세요."

"네. 알겠습니다."

잠시 후, 여직원의 표정이 갑자기 굳었다. 뭔가 문제가 생긴 것 같았다. 계산기를 열심히 두들기기 시작했다.

"무슨 문제라도 있나요?"

"가격을 둘로 나눌 수가 없습니다."

"네에?"

"그냥 영수증을 두 장으로 나눠주시면 되잖아요?"

"그건 저도 알아요."

답답한 여직원이 나에게 영수증을 직접 보여줬다. 목록을 보니, 판매합계, 공급가액, VAT 금액으로 구분되어져 있었다.

판매합계: 48,500원

공급가액: 44,091원

VAT 금액: 4,409원

여직원은 10퍼센트의 부가가치세가 제외된 공급가액을 보고 고민했다. 44,901원. 맨 마지막 자리가 1로 끝나서 둘로 나눌 수가 없었던 모양이다.

"마지막에 1원이 남아서요."

여직원의 고민은 과연 어느 손님에게 1원을 더 얹어줘야 할 것인가 하는 것이었다. 돈의 액수가 아니라 형평성 문제 때문에 고민한 것이다. 더치페이의 개념을 제대로 이해하지 못했기 때문에 생긴 해프닝이었다. 더치페이란 산술적으로 1/n을 하는 것이 아니다. 각자 먹은 음식을 별도의 계산서를 받고 지불하는 것이다. 위 사례의 경우, 캐나다 친구는 자신이 주문한 탄두리 치킨 값(25,000원)을, 필자는 치킨 마크니와 갈릭 난을 합친 값(23,500원)을 지불하면 된다. 영수증을 두 장으로 나눈다는 의미는 밥값을 균등하게 24,250원씩 내는 것이 아니라 각자 주문한 대로 나누는 것이다.

"제 영수증에 1원 더 얹어주세요."

이런저런 입씨름을 하기 싫어서 그냥 이렇게 말하고 그 상황을 종료했다. 위 사례처럼 더치페이는 무조건 50:50으로 나눠야만 한다는 강박관념에 빠지는 경우가 있다. 하지만 더치페이는 본질적으로 자신의 음식 값은 자신이 내는 것을 의미한다. 협상도 마찬가지다. 너무 하나하나 따지며 산술적인 손익계산에만 열중하다 보면 본질을 놓칠 수 있다. 무조건 양측이 50:50으로 공평하게 나눠야만 하는 것은 결코 아니다. 사람들은 주로 자신에게 유리하게 나눈다. 직원은 계산을 편하게 하기 위해서 기계적으로 1/2로 나눈 반면, 손님들은 자신이 먹은 음식 값만을 낸다는 편리함을 기준으로 나눈다. 같은 단어, 다른 느낌이다. 더치페이의 개념을 각자 자신에게 편리하게 해석한 것이다.


쌍방 모두에게 유리하게 나누는 방법도 있다. 사람들은 지폐 또는 동전을 지갑에 많이 넣고 다니는 것을 선호하지 않는다. 지갑 부피를 줄여야 가지고 다니기 편하기 때문이다. 만약 만 천 원을 내야 할 경우, 당신의 지갑에 오만 원권 한 장과 천 원권 한 장이 있다면 어떻게 할 것인가? 아마도 대부분의 경우, 오만 원권과 천 원권을 모두 낼 것이다. 오만 원권만 내면, 총 열두 장의 지폐를 거스름돈으로 받게 된다(만 원짜리 세 장과 천 원짜리 아홉 장). 그런데 천 원짜리 지폐를 얹어주면 네 장의 거스름돈만 받으면 된다. 만 원짜리 네 장이면 되기 때문이다. 계산을 한 사람은 지갑의 부피를 줄일 수 있어서 좋고, 돈을 받는 측에서는 애써 바꾸어놓은 잔돈을 많이 허비하지 않아도 되니 서로에게 이득이다.

나누기 방식은 문화적인 영향을 받기도 한다. 미국 슈퍼마켓에서는 이와 똑같은 방식으로 계산을 할 경우, 완전히 다른 결과가 발생한다. 거스름돈의 부피를 줄이기 위해 머릿속으로 암산을 해서 잔돈을 얹어주면 계산원은 약간 이상한 표정을 짓는다. 계산은 계산기에 맡기자는 것이다. 협상전략상 나누기는 협상가의 주관적인 요소와 사회문화적인 객관적 요소가 접목되곤 한다. 국제협상에서 나누기 협상을 할 때는 상대방 문화에 대한 정확한 이해도 필요하다.

덧붙이자면 나눌 수 없는 것을 나눠야 할 경우도 발생한다. 영국 극작가 셰익스피어의 희극 《베니스의 상인》에서 안토니오의 피와 살을 나눌 수 없듯이 말이다. 나눌 수 없는 것을 나누자고 하는 제안은 주로 딜브레이커가 제시한다. 상대방이 받아들일 수 없는 제안을 해서 스스로 딜을 깨도록 유도하는 것이다. 고단수 딜브레이커는 자신에게 모든 책임이 돌아오는 것을 피하는 노련함도 보이곤 한다. 자신의 손에는 지저분한 것을 묻히지 않고 상대방이 알아서 딜브레이킹을 하도록 유도하는 것이다. 이런 경우에는 보다 치밀한 접근방식이 필요하다. 상대방에게도 똑같은 문제를 제시하는 것이다. 나눌 수 없는 것을 나누도록 조건을 붙이면 된다. 《베니스 상인》에서 베니스 법정의 재판관은 '피를 한 방울도 흘려서는 안 된다'는 조건을 제시한다. 계약서상에는 살에 대한 언급만 있을 뿐, 피에 대한 언급은 없다는 점을 공략한 것이다. 협상 초기부터 상대방이 진정 나누기를 원하는 딜메이커인지를 정확히 파악하는 것이 중요하다.

## 편 가르기를 해도 되는가 | 힘을 합쳐 연합전선을 구축하라

'정보통신정책연구원(KISDI)'으로 근무할 당시, 통상전략센터에는 나를 포함해서 2명의 책임연구원이 있었다. 책임연구원은 줄여서 '책임'이라고 불렀는데, 그래서 김 씨 성을 가지면 '김' 책임, 필자처럼 안 씨 성은 '안' 책임이라고 불렀다. 필자는 FTA 협상을, 동료 책임은 WTO 협상을 전담했는데 종종 서로 협상 비하인드 스토리를 들려주곤 했다. 어느 날, 동료 책임이 제네바 출장을 다녀온 다음에 말했다.

"이번엔 프렌즈 미팅에 다녀왔죠."

"사교모임인가요?"

"아뇨. WTO 회원국들이 만드는 소그룹입니다."

"WTO 내부에서도 편 가르기가 허용되나요?"

"물론이죠. 복수국 간(plurilateral) 협상이라고 부르죠. 이해관계가 일치하는 회원국들의 모임을 장려하죠."

WTO처럼 여러 국가들이 한 협상 테이블에 나오는 경우를 다자협상이라고 부른다. 다자협상에서는 국가별 차이 때문에 합의점에 이르기가 상당히 힘들다. 따라서 내부의 소그룹 구성을 장려한다. 159개국이 각자 다른 소리를 내는 것보다는 몇 개의 소그룹을 결성하여 그들이 같은 목소리를 내는 것이 '협상의 경제' 면에서는 효과적이다. 소그룹 내부협의 과정을 통해서 쟁점을 상당 부분 해소할 수 있기 때문이다. 당시에는 WTO 회원국 간의 서비스 시장 개방도에 대한 이견이 컸다. 통합과정을 통해 새로운 경제블록으로 탄생한 유럽연합(EU)과 미국의 힘겨루기 양상이 불거졌고, 통상협상 테이블에서도 미국과 EU의 양강구도가 펼쳐졌다.

"EU가 네거티브 방식을 주장하면서 파란이 일었죠."

"네거티브 방식이요?"

"네. 서비스 양허표에 개방에서 제외되는 분야를 적는 방식이죠."

"그러면 시장 개방도가 훨씬 높아질 텐데요."

"네. 그래서 미국 정부도 반대했죠."

"왜 그런 거죠?"

"EU는 통합과정에서 포지티브 방식을 채택했다가 너무 고생한 거죠."

"왜 EU가 세게 나오는 걸까요?"

"물론 협상 테이블에서 주도권을 잡기 위해서죠."


EU는 WTO에서 보다 큰 영향력을 행사하기 위한 경제블록을 성공적으로 만들었다. 1995년 WTO의 창설과 더불어 창립멤버가 된 EU(당시는 European Communities로 불림)는 총 27개국(영국은 2020년 EU에서 탈퇴함)으로 구성되어 있다. 모든 WTO 회원국은 한 국가당 하나의 의결권만 가진 반면에 EU는 예외적으로 독립적인 회원으로 인정됐다. 2022년 현재 164개국으로 구성된 WTO에서 EU 27개국은 전체 회원국 중 17.1퍼센트를 차지하고, EU를 포함해서 총 28개의 의결권을 가진 셈이다. 27개국이 기술적으로 28개 의결권을 갖게 된 것이다. WTO에서 라이벌 격인 미국이 단 하나의 의결권만을 가진 것과 비교하면 대단한 '편 가르기' 성과로 볼 수 있다. 통상협상 사안별로 유불리를 따진 후에 EU 개별국가 또는 EU로 다른 국가를 제소할 수 있다는 장점이 있다. 슈퍼파워 미국을 일대일로 상대하기는 힘든 작은 유럽국가들의 통합은 현실적인 대안임에 틀림없다. 자신들의 통상이익을 위한 모임을 결성해서 보다 강력한 힘을 발휘한 사례이다.

다자 통상협상 테이블뿐 아니라 다자간 비즈니스 협상 테이블에서도 비슷한 양상이 종종 벌어진다. 상대적으로 열세에 있는 여러 명이 힘을 합쳐서 연합전선을 구축하는 것은 전통적인 협상전술 중 하나이다.

# 08

# 흔들기 : 상대방의 마음을 사로잡을 역제안하기

## [ 공감대 형성이 먼저다 ]

어느 날 오후, 서울 지하철 신논현역에서 생긴 일이다. 예전에 신논현역은 9호선의 종점으로, 거기서는 띄엄띄엄 정차하는 급행열차와 일반열차를 모두 탈 수 있었다. 일반열차에 앉아서, 스마트폰으로 뉴스를 읽고 있었다. 옆자리에 엄마와 유치원생 딸이 앉았다. 잠시 후, 옆 트랙에 급행열차가 도착하자 일반열차에 앉아 있던 사람들이 우르르 몰려나갔다. 바로 그때 엄마가 딸에게 물었다.

"빨리 가는 거 탈래?"

"응."

"그런데, 자리가 없을지 몰라. 그냥 있자."

"……."

엄마와 딸은 과연 무엇을 두고 협상을 했을까? 서로의 목적은 달랐다. 엄마의 목적은 딸을 유치원에 데려다주는 것이고, 딸의 목적은 유치원에 가서 친구들과 노는 것이다. 엄마와 딸은 처음에 둘 다 유치원에 '빨리' 가는 것에 공감했다.

엄마도 아이를 빨리 데려다주고 자기 볼일을 보고 싶어했고, 아이도 빨리 유치원에 가서 친구들과 놀고 싶었다. 이렇게 서로의 희망사항이 일치하는 경우 협상은 순조롭게, 그야말로 눈 깜짝할 사이에 끝이 난다. 그러므로 상대방을 손쉽게 설득하고자 한다면 상대방의 관심사항을 정확히 파악해야 한다. 상대방의 희망사항을 만족시켜주면 협상은 의외로 순탄하게 진행된다.

그런데 엄마의 마음이 변하고 말았다. 사람들이 우르르 급행열차 쪽으로 간 만큼 자리가 없을 것이라는 예상을 했기 때문이다. 이와 같은 엄마의 단순변심으로 어색해진 분위기를 만회할 기술이 필요하다. 엄마와 딸은 모두 같은 것을 원하고 있다. 엄마와 딸의 주장은 대립관계가 아니라 인과관계다. 엄마는 유치원에 빨리 아이를 데려다주고 싶고, 그래야 아이는 친구들과 놀 수 있기 때문이다. 그럼에도 불구하고 합의를 이루어내지 못한다면 협상 상대를 논리적으로 '흔드는 기술'이 필요하다. 바로 상대방의 관점에서 이야기를 하는 것이다. 상대방을 배려하는 느낌을 주기 때문에 설득하기 쉬워진다.

이를테면 아이가 "엄마도 빨리 저 데려다주고 쉬시면 좋잖아요"라고 말한다면 엄마는 유치원까지 앉아서 가겠다는 마음을 접고 급행열차를 탈 수도 있다. 딸이 얼마나 유치원에 빨리 가고 싶어하는지를 알았고, 또 딸의 말이 대견하게도 느껴지기 때문이다. 이렇듯 서로의 의견이 같을 때에는 설득하기가 쉽다. 하지만 대립적인 관계라면 보다 치밀한 전략수립이 필요하다.

상대방과의 논리싸움에서 승리하려면 우선 공감대 형성에 힘을 써야 한다. 협상을 할 때도 처음부터 대립각을 세우고 강하게 나가면 상대방도 똑같이 대응하기 마련이다. 이에는 이, 눈에는 눈이라는 속담처럼 말이다. 공감대를 형성하면 상대방을 설득하는 데 큰 도움이 된다. 물론 서로 대립된 입장에 있는 사람들이 공감대를 형성한다는 것 자체가 상당히 어려운 일이기는 하다. 그렇기 때문에 서로 양보해서 합의점에 도달하는 '토의(disussion)' 환경을 만드는 것이 중요하다. 서로 한 치의 양보도 하지 않는 '토론(debate)' 환경인 경우에는 서로의 의견이 평행선을 그리고 말기 때문이다. 상대방이 강경한 입장을 고수할 경우에는 공감대를 형성한 사안과 그렇지 않는 것을 분리해서 '선택과 집중'을 하는 접근방식이 효과적이다.

**아저씨는 잠잘 땐 안 춥나요?** | 역발상으로 공감대 형성하기

신촌 이대 후문 앞에는 액세서리 가게들이 즐비하다. 크리스마스

이브에 선물을 사러 인형가게에 들른 적이 있었다. 한쪽 코너에서 목도리를 둘둘 감고 서 있는 개구리 인형을 발견하고 점원에게 물었다.

"이 개구리는 목도리를 다 했네요?"

"아마 추운가 보죠. 호호호."

"개구리는 겨울잠을 자는데요!"

짐작하겠지만 점원과의 대화는 그리 오래가지 못했다. 잘못된 의인화에 문제를 제기하자, 불쾌한 듯 다른 손님을 맞으러 휙 가버리고 말았다. 너무 논리적으로 접근한 것일까? 불필요하게 상대방의 감정을 건드렸다는 생각에 의기소침한 기분이 들었다. 여직원의 본심은 무엇이었을까? 아마 '잔소리 말고 그냥 사든가! 아님 말고!'쯤이 아니었을까? 그러나 어쩌랴. 그녀의 마음을 뒤늦게 알았든 말든, 그녀는 이미 등을 돌리고 다른 손님에게로 가버린 것을.

그냥 감정이 상해서 휙 돌아서버린 것이면 그나마 다행이다. 조용히 사라졌던 여직원이 서늘한 복수의 칼날을 갈면서 다시 돌아와 말했다. 톡 하고 쏘아붙이는 대응논리가 그럴 듯했다.

"아저씨는 잠잘 땐 안 춥나요?"

아뿔싸! 이럴 때는 꼼짝없이 그 자리에서 당할 수밖에 도리가 없다. 고개를 끄덕이든 입을 멍하니 벌리든 하면서 말이다. 그 말이 타당하니 어쩔 수가 없다.

이와 비슷한 애로사항은 협상 실무를 할 때도 발생한다. 협상을 할 때 상대방은 자신의 감정을 직접적으로 잘 표현하지 않는다. 우회적인 표현에 귀를 기울이고 전체적인 맥락을 파악하는 기술이 필요하다. 그래야 상대방의 감정과 필요를 읽을 수 있고, 공감대도 형성할 수 있다.

공감대란 협상의 양측이 서로 주고받기를 하는 과정에서 형성된다. '개구리 에피소드'처럼 각자 주장의 근거를 여러 개로 분리한 후, 서로 타협할 수 있는 절충적인 조합을 만드는 것이다. 여점원은 개구리의 동면은 인정하지만 겨울잠을 잘 때도 추위를 느낀다고 주장한다. 개구리의 동면 사실 자체를 인정하지 않던 초기 입장과는 다르다.

여기에서 눈여겨볼 점이 있다. 필자는 인형을 의인화하여 겨울에는 겨울잠을 자는데도 목도리를 다 둘렀다고 농담을 했다. 그런데 여직원은 잘못된 의인화의 틀을 넘어서 잘못된 과학상식을 지적했다. 동물을 사람에 비유한 것은 의인화다. 내 주장의 근거인 의인화를 거부하지 않고 받아들인 후 공격한 것이다. 기막힌 역발상이다. 사람도 자다가 추워서 이불을 덥고 자듯이 개구리도 겨울잠을 자다가 춥기 때문에 목도리 같은 것을 미리 준비할 수 있다는 주장이다. 이 말에는 아마 누구나 공감할 수 있을 것이다. 일단 공감대 형성에 성공하면 협상은 급물살을 타게 된다.

흔들기 단계에서 한 가지 주의할 점이 있다면, 상대방과 논리싸움을 하더라도 절대 감정을 상하게 해서는 안 된다는 것이다. 논리적으로 아무리 강하게 언쟁을 펼치더라도 감정적인 절제가 필요하다. 특히 상대방에게 요청을 하는 입장이라면 상대 측이 민감하게 여기는 사항에 대해서는 언급조차 하지 않는 것이 좋다. 괜히 '긁어 부스럼'이 될 수 있기 때문이다. 협상에서는 에티켓도 매우 중요하다.

## 〔 오해는 먼저 풀어라 〕

의견이 다른 상대방을 설득하기 위해서는 우선 신뢰를 구축할 필요가 있다. 그런데 신뢰구축의 과정에서 불필요한 오해를 없애는 것이 중요하다. 사실관계에 관한 오해는 더욱 그러하다. 오해가 또 다른 오해를 낳는 악순환이 반복될 수 있기 때문이다. 만약 오해라는 것을 알았다면, 가능한 한 신속하게 푸는 것이 좋다.

"개신교도가 무서워요!"

"왜요?"

"인육을 먹는다는 이야기를 들었어요."

필리핀 마닐라에서 만난 여중생과 개신교와 천주교의 차이점에 대해서 서로 의견을 나눌 때 들은 말이다. 개신교도들이 사람을 먹는다?! 끔찍한 이야기였다. 잠시 대화를 이어가다 보니 그녀가 오해를 하고 있다는 사실을 알게 되었다. 신약성서에 살과 피를 빵과 포도주로 비유한 구절이 문제였다. 영어성경 표현을 보면 충분히 이런 오해를 할 수도 있겠구나 싶다. 한글성경과 달리 영어성경은 인용부호인 따옴표를 자주 사용한다. 따옴표가 나온 부분만을 살펴보자.

"Take and eat; this is my body." (받아서 먹어라 이것은 내 몸이니라.)

"Drink from it…… This is my blood." (이것을 마시라. 이것은…… 나의 피니라.)

몸(body)과 피(blood)라는 표현이 확실히 나온다. 앞뒤의 장중한 수식어들을 제외하고 키워드만 보면 섬뜩한 생각이 들기도 한다. 필리핀 여중생의 말에도 나름 일리가 있었다. 전체적인 맥락 없이 보면 '식인풍습'처럼 보일 수 있기 때문이다.

상대방이 사실관계에 대해 오해하고 있을 때에는 객관적인 자료를 인용하면 효과적이다. 오해의 소지가 있는 자료를 인용할 경우, 오히려 설득력이 떨어질 수 있기 때문이다. 종교가 아닌 예술 측면에서 접근하는 방법도 있다. 레오나르도 다빈치의 그림 '최후의 만찬'이 떠올랐다. "너희 중에 한 사람이 나를 배반할 것이다." 예수 그리스도의 말을 들은 후, 열두 제자의 각기 다른 반응을 그린 그림이다.

"혹시 레오나르도 다빈치를 아니?"

"네."

"그의 작품 '최후의 만찬'도 알지?"

"네."

"인터넷으로 한번 검색해봐. 지금 우리가 한 이야기의 답을 찾을 수 있을 거야."

"어떻게요??"

"거기에 인육을 먹는 모습은 없거든. 몸과 피는 빵과 포도주를 비유한 것일 뿐이거든."

비유적인 표현을 여중생은 액면 그대로 받아들여 오해하였다. 만약 전후 설명 없이 그냥 관련 부분을 읽거나 들었다면 충분히 오해할 소지가 있다. 협상 테이블에서도 이 점을 유의해야 한다. 비유법을 남발해서는 안 된다. 잘못된 사실이 전달될 수 있고, 듣는 이가 오해할 소지도 크기 때문이다. 최대한 객관적인 단어를 사용하고, 의사를 분명하게 전달해야 하고, 혹시라도 오해가 생겼다면 바로바로 풀면서 가야 한다. 사소한 것이라도 한번 쌓이면 협상 결과를 좌우할 정도로 강력한 영향을 끼칠 수 있기 때문이다.


## [ 전체와 부분으로 나누어 공략하라 ]


기독교에 문화의 뿌리를 둔 미국인들에게 불교의 윤회설은 낯설다. 천지창조에서 종말까지 직선적인 논리사고를 가진 미국인들에게 계속 돌고 도는 윤회설은 신비롭기까지 하다. 미국 대학 기숙사 식당에서 생긴 일이다. 어느 날 점심을 혼자서 먹고 있는데, 백인 친구 1명이 다가왔다.

"같이 앉아도 될까요?"

한 테이블에 앉기는 했지만, 초면이라서 서로 할 말이 거의 없었다. 잠시 후, 어색한 분위기를 깨기 위한 노력이 시작됐다.

"여기서 자주 식사를 하시나요?"

"네. 매주 수요일마다 근처 강의실에서 수업이 있어서요."

"아하! 그랬군요. 저는 화요일 수업이 상당히 먼 곳에서 있어요. 캠퍼스의 서쪽 끝에 위치한 기숙사에서 동쪽 끝에 있는 강의실로 가야 해요."

"우와! 강의실 가는 데 얼마나 걸리나요?"

"젖 먹던 힘까지 다하면 20분 정도 걸립니다."

"정말 빠른데요! 하하하."

분위기가 무르익자 백인 친구가 대뜸 황당한 질문을 던졌다. 동양철학 수업을 듣고 있는데 윤회설에 대해 궁금한 점이 있다고 했다. 미국에 살며 다양한 질문을 받아봤지만, 철학 관련 질문은 처음이었다. 과연 궁금한 것이 무엇일까?

"불교의 윤회설은 사람이 죽으면 다른 생물로 환생을 한다는 개념 맞죠?"

"네. 맞습니다."

"이해가 안 되는 부분이 있어요."

"뭔데요?"

"윤회설이란 일종의 '개체 수 균형' 아닌가요?"

"어떤 면에서요?"

"한 생명체가 여러 형태로 계속 다시 태어난다는 점에서요."

"그렇게 볼 수도 있겠네요."

"그런데 인구가 꾸준히 증가한다면 그 균형이 깨지는 것 아닌가요?"

"어떻게요?"

"사람이 동물로 됐다가 다시 사람이 되는 반복 과정에서 총 개체 수는 불변해야 하는 것 아닐까요?"

순간 당황했다. 한 번도 생각해보지 못한 심오한 질문이었다. 어떻게 답변을 해야 할지 고민했다. 인구증가가 윤회설에 미치는 영향은 과연 뭘까? 마치 동양철학 박사학위 논문 주제처럼 거창하게 들렸다. 그때 번뜩하고 아이디어가 하나 떠올랐다. 역발상 논리를 펼치는 것이다.

"당신 말대로 인구는 계속 증가하고 있지만 윤회설의 균형은 깨어지지 않습니다."

"왜죠?"

"인구증가와 더불어 멸종동물이 많이 늘고 있죠?"

"네."

"윤회설의 균형은 모든 생명체 간의 수적 균형이라고 볼 수 있죠. 인구증가와 더불어 멸종동물 수도 늘어났기 때문에 전체적인 균형은 그대로 유지되고 있다고 볼 수 있겠죠."

백인 친구는 만족스러운 표정을 지었다. 자신이 오랫동안 번민해 온 어려운 문제가 명쾌하게 풀렸기 때문이다. 나름 논리적으로 말이다. 미국 학생은 윤회설의 논리적인 허점을 공격하고 필사는 방어한 셈이다. 기본원칙을 다시 떠올려보자. 공격할 때는 좁히고, 방어할 때는 넓힌다. 미국학생은 인구증가를 집중공략하고 필자는 사람뿐만 아니라 멸종동물 수를 모두 감안해야 한다는 물 타기 전술을 썼다. 적당히 논점을 희석시킨 후, 상대방의 논리에 역공을 가한 것이다. 상대방이 알고 있는 부분적인 사실(인구증가)의 한계를 지적하고 전체적인 사실(인구증가+멸종동물 증가)로 설득하는 것이다. 전체 부정이 아닌 부분 부정으로 접근할 경우, 상대방은 논리적으로 대응하기가 더욱 어려워진다.


## [ 상대방 자료를 역이용하라 ]


상대방과 공유하는 정보를 근거로 공감대를 형성하는 방법도 있다. 상대방의 자료를 근거로 제시하면 설득하기가 훨씬 쉽기 때문이다. 상대방의 자료를 인용할 때는 최종적인 한 방이 필요하다. 그 자료를 근거로 논리를 흔드는 것이다. 신빙성을 재확인하는 질문으로 시작하면 더욱 효과적이다.


　어느 여름날 오후, 도시가스공사에서 직원이 방문했다. 아파트로 이사를 온 후 한 번도 도시가스를 사용하지 않았지만, 1년에 한 번씩 가스누출을 확인하는 것이라고 했다. 밸브 근처를 몇 번 만지작거리더니 이동식 단말기에 서명을 해달라고 했다.

　"무슨 서명인가요?"

　"가스 안전점검을 받았다는 확인입니다."

　다음 날 도시가스공사에서 전화가 왔다. 다짜고짜 체납요금을 지불하라고 독촉했다. 너무 황당했다. 지난번 입주자가 이사를 갈 때, 가스를 아예 끊고 가서 단 한 번도 쓴 적이 없는데 체납자 신세로 전락한 것이다. 도시가스공사와의 기나긴 전화민원이 시작됐다.

　"저는 체납자가 아닙니다."

　"제 모니터에는 체납자로 나옵니다. 저는 더 이상은 모릅니다."

　"아파트 밖과 지하실에 계량기를 검침해보면 전혀 안 쓴 걸 아실 텐데요?"

　"제 모니터에 그런 건 안 나옵니다. 그냥 체납자라고만 뜹니다."

　2주일째 항의전화를 했다. 계속 다른 사람이 전화를 받고 같은 말만 반복했다. 항의전화가 오면 그렇게 대응하라고 모든 직원을 교육시킨 듯한 느낌이 강하게 들었다. 구조적인 문제도 있었다. 전화

통화는 체납 전담부서로만 연결되었고, 그들은 다른 정보에 대한 접근권한이 전혀 없는 듯했다. 그들 말대로 그야말로 '모니터에 보이는 대로' 읽어주는 것일 뿐이다.

돈이 문제는 아니었다. 체납액은 단돈 4천 원! 그런데도 민원을 계속 제기한 이유는 억울한 수백, 수천 명이 모이면 천문학적인 액수가 될 수도 있기 때문이다. 누군가는 이 사회의 부조리에 메스를 들어야만 한다는 일념으로 마라톤협상을 시작했다. '닭의 목을 비틀어도 새벽은 온다'는 말을 마치 증명이라도 하듯 계속되는 전화공세에 회사 측은 적잖게 당혹스러워했다. 이쯤 되면 이제 새로운 전략이 필요했다. 가스공사 직원의 '나 몰라라' 전술을 무력화시킬 비책 말이다. 논리적인 허점을 공략하기로 결정했다. 단추를 끼우는 것처럼. 첫 단추를 잘못 끼우면 계속 잘못 끼우게 되는 원리를 이용해, 체납자의 법적 성립조건을 논리적으로 파고드는 것이다.

"전 법적으로 체납자가 될 수 없습니다."

"왜죠?"

"애초에 고객이 된 적이 없기 때문이죠."

"저는 그런 거 모릅니다."

"어떻게 고객도 아닌 사람이 체납자가 될 수 있나요?"

"전 화면에 체납자라고 나오는 것만 압니다."

상담원이 약간 흔들리기 시작했다. 자기주장의 근거가 약하다는 느낌이 들자 바로 방어모드로 전환했다. 모니터에 보이는 내용을 따를 뿐이라는 말을 반복했다. 결정타가 필요한 시점이 되었다. 상대방 자료의 신뢰도를 재확인했다.

"모니터에 나오는 내용은 모두 정확한 거 맞죠?"

"그렇습니다."

"가입일자도 나오겠죠?"

"네. 고객님."

"제가 한번 맞춰볼까요?"

"……."

"7월 1일 맞죠?"

"(놀란 목소리로) 어떻게 아셨어요?"

"그날이 바로 안전점검일이죠."

2주 전 가스안전점검에 대한 서명을 고객서명으로 착각한 것이었다. 전열을 가다듬고 최후의 일격을 준비했다. 이미 상당히 흔들린 직원은 횡설수설하기까지 했다. 흔들기는 이제 그만! 다시 한 번 직원이 신봉하는 모니터 자료임을 강조한다.

"당신 모니터에 의하면, 저는 체납자가 될 수 없습니다."

"왜죠?"

"법적으로 체납이 되려면 최소한 한 달 이상 이용해야 하는 것 맞죠?"

"네. 맞습니다."

"당신의 모니터 자료에 의하면 제가 가입한 지는 2주일도 채 안

됐죠. 체납 자체가 성립되지 않습니다."

잠시 후 도시가스공사에서 사과전화가 걸려왔다. 자신들의 시스템 오류를 빠른 시일 내에 시정하겠다고 했다. 처음에 그렇게 도도하던 상담원도 완전히 태도가 바뀌었다. 상담원이 근거로 사용하던 모니터의 자료를 역이용해서 논리적으로 승리한 것이다. 특정 자료에 대한 상대방의 의존도가 높을수록 큰 반사효과를 누릴 수 있다. 협상 상대방이 특정 자료를 계속 강조할 경우, 일일이 반박할 필요가 없다. 묵묵히 분석한 후, 선별적으로 역이용하면 된다. 다만 논리적인 오류를 찾기 위해서는 가능한 많은 정보를 수집해야 함을 잊지 말기 바란다.

## 둘 다 거짓말하는 거예요 | 정보의 조합이 중요하다

한미 FTA 협상이 한참 진행될 무렵, 미국 상공회의소 미팅에 참석한 적이 있다. 당시 미국 국무성에서 파견 나와 있던 고급관료가 FTA 체결의 파급효과에 관한 브리핑을 하다가 갑자기 깜짝 발언을 했다.

"우리에게 더 이롭습니다."

별 생각 없이 강연을 듣다가 깜짝 놀랐다. 고위급 미국 공무원이 직접적으로 손익관계를 언급한 것은 이례적이었다. 더구나 그의 주장은 당시 외교통상부의 공식자료 내용과 상반되었기에 더욱 놀라웠다. 과연 누구 말이 옳은 것일까? 양국 정부가 모두 자국민에게 더 이롭다고 홍보를 하고 있는 셈이었다. 둘 중에 하나는 거짓말임이 확실했다. 너무 궁금해서 평소 친하게 지내던 경제학 박사에게 자문을 구했다.

"둘 다 거짓말을 하는 거죠."

"네에? 정말요?"

"양측 모두 자신에게 유리하게 설명하는 겁니다. 일종의 언론 플레이죠."

"실상은 다르다는 말씀이죠?"

"맞습니다. 문제는 다른 데 있어요."

"무슨 문제죠?"

경제학 박사의 거침없는 설명에 필자는 상당한 충격에 빠졌다. 그는 우리가 평상시에 접하는 경제뉴스가 완전히 틀렸다는 이야기를 했다. 그는 곧 자신의 힘든 점을 토로하기 시작했다.

"전 요즘에 너무 힘들어요."

"협상 준비 때문인가요?"

"아뇨. 만날 BH(청와대)에서 한미 FTA 파급효과를 수치로 달라고 야단이거든요."

"BH요. 저도 예전에 한번 폭탄 맞은 적이 있었죠."

"당장 내일 주가도 예측하기 힘든데 5년, 10년 후의 파급효과를 어떻게 수치로 뽑습니까!"

"아, 그렇군요."

"요즘엔 정말 일하기 힘들어요. 마구잡이로 말할 수도 없고요."

협상 테이블에는 정보가 넘쳐나는 경우도 있다. 한미 FTA 협상처럼 정보에 과부하가 걸리는 경우도 종종 발생한다. 지나친 국민적 관심은 오히려 독이 될 수도 있다. 경제논리로 풀어야 할 이슈가 정치논리로 변질될 우려가 있기 때문이다. 때로는 상대방에게 역정보를 흘리는 경우도 있다. 이럴 경우, 정보의 홍수 속에서 정확한 정보를 추려서 분리하는 기술이 필요하다. 자신에게 유용한 정보만을 분리한 후, 가장 유리한 새로운 논리적 조합을 만들어야 한다.

# 09

# 주고받기 : 제3의 대안으로 절충안 만들기

앞서 협상은 서로 조금씩 손해를 보는 듯할 때가 가장 잘된 것이라고 말한 바 있다. 물론 나의 의견이 100퍼센트 반영되면 좋겠지만, 세상에 그런 협상은 없다. 굳이 협상이 아니라 해도 세상은 '기브 앤 테이크(give & take)'의 법칙으로 돌아간다. 내가 먼저 주어야(give) 나도 상대방으로부터 뭔가를 받을 수(take) 있다. 이번에 알아볼 법칙은 '주고받기'이다. 내가 무엇인가를 줘야 한다고 해서 그것을 꼭 손해라고 볼 수는 없다. 서로 조금씩 양보해서 서로에게 좋은 제3의 절충안을 만들 수도 있기 때문이다.

# [ 절충안은 서로 양보해야 가능하다 ]

### 노른자는 싫어! | 포괄적인 협상전략을 수립하라

"왜 만날 흰자만 먹니?"

"노른자는 맛이 없어!"

"편식하면 안 돼! 다 먹어!"

"싫어!"

다섯 살짜리 아들과 엄마의 신경전이 벌어졌다. 계란의 흰자만 쏙 빼먹는 아들은 끝까지 노른자를 사절한다. 어떠한 영양학적 근거를 제시해도 '맛이 없다!'는 아들의 짧은 답변 앞에는 무용지물이다. 어떻게 하면 노른자도 같이 먹게 할 수 있을까? 근본으로 돌아가보자. 삶은 계란의 흰자와 노른자는 손쉽게 나눌 수 있다. 절충안은 양측이 일정 부분 양보를 해야 성립된다. 흰자만 골라 먹으려는 아들과 노른자도 같이 먹이려는 엄마. 갈등의 본질은 조리방법에 있다. 흰자와 노른자를 나눌 수 없게 하는 방법은 없을까? 조리방법을 바꾸면 된다. 흰자와 노른자를 섞어서 만드는 '스크램블 에그(scrambled egg)'를 주는 것이다. 흰자와 노른자를 구분할 수 없게 잘 저어서 조리하면 아들도 어쩔 수가 없을 것이다.

주고받는다는 것은 단순히 하나를 주고 다른 하나를 받는 일대일의 개념이 아니다. 더치페이가 무조건 비용을 반으로 나누는 것이 아닌 것과 마찬가지다. 스크램블 에그 사례에서 아들은 흰자를 먹으려면 노른자도 먹어야 한다. 엄마 입장은 아들의 입장을 포함한다. 아들이 흰자를 먹는 것을 반대하지 않기 때문이다. 다만 노른자까지 골고루 먹기를 원하는 것뿐이다. 협상의 세계에도 이와 비슷한 불균형이 존재한다. 여러 가지 여건을 감안해서 협상전략을 '포괄적으로' 수립하는 방법도 있다.

## 요즘 애기 구하기 힘들어요 | 양측 모두 받아들일 절충안을 짜라

구정연휴 마지막 날 단골 미용실에 찾아갔다. 손님은 그리 많지는 않았지만 여느 주말 저녁과 달리 약간 어수선해 보였다. 커트가 끝나고 샴푸실로 이동했다. 예전과 다른 느낌을 받았다. 샴푸실 직원들이 단 1명도 없었기 때문이다. 덕분에 시니어 헤어디자이너가 직접 머리를 감겨주는 호사를 누렸다.

"요즘엔 애기 구하기가 힘들어요!"

"애기요?"

"애기 헤어디자이너 말이에요."

"아하. 귀여운 호칭이네요. 하하하!"

잠시 후, 드라이를 받으면서 국내 미용시장 현황에 대한 브리핑을 받았다. 그런데 예전에 생각해왔던 것과는 상당한 차이가 있었다. 시장구조가 급격하게 변동 중이라고 했다. 가장 큰 차이점이 뭐냐고 묻자, 최신동향을 한마디로 콕 집어주었다.

"요즘 젊은 애들은 바닥청소 하는 거 싫어해요."

"그렇군요."

"부모들도 하나밖에 없는 자식이 박봉에 고생하는 거 말리죠."

"핵가족 시대라서 그렇겠죠."

"네. 인력난이 심각해요."

"얼마나요?"

"요즘엔 미용실 전체에서 1명도 구하기 어려워요."

"정말로요? 예전에는 한 좌석에 2~3명 있었던 것 같은데요."

"네. 맞아요."

"아마도 10년 후쯤이면 헤어디자이너를 찾기도 어려워질 거예요."

최근의 취업방식에 대해서도 쓴소리를 했다. 예전에는 평균 5년의 '애기' 생활을 거쳐서 헤어디자이너가 됐는데 요즘엔 1년에 한 번 꼴로 이직하는 사람이 부쩍 늘었다고 했다. 수평이동으로는 실력을 쌓기가 쉽지 않다는 점도 지적했다. 문득 외국인 헤어디자이너가 국내진출을 하지 않을까 하는 생각이 들었다. 그녀의 입장은 단호했다.

"아마도 그럴 일은 없을 겁니다."

"왜요?"

"머릿결이 달라도 너무 달라요."

"아하! 예전에 미국에서 그런 이야기를 들은 것 같아요."

"금발머리는 파마도 할 수 없어요! 머릿결에 단백질이 부족해서 잘못하면 다 죽어요."

"그렇군요. 이탈리아나 스페인에는 우리 같은 흑발도 있잖아요?"

"그쪽은 곱슬머리가 많아서 파마를 할 필요가 없어요. 반대로 스트레이트 파마를 하죠."

"영화에서 본 것 같군요. 파티 가기 전에 열심히 당겨서 펴는 모습."

"국내에서는 커트뿐만 아니라 파마, 드라이 등 모든 일을 잘하는 멀티플레이어가 인정받죠."

그녀의 말을 종합해보면, 외국인 헤어디자이너의 국내진출은 힘들어 보인다. 일본 또는 중국 등의 아시아 출신 헤어디자이너는 가능성이 있다고 한다. 여러 가지 배경설명을 듣고 나니 미래의 미용시장 판도가 궁금해졌다. 외국인은 못 들어오고, 숙련된 인력은 계속 줄어만 가니 말이다. 그녀는 뚜렷한 견해를 피력했다.

"아마도 절충안이 나올 겁니다."

"어떤 절충안이요?"

"근본적인 문제는 애기 디자이너의 처우개선이죠."

"임금 현실화를 말씀하시나요?"

"비슷하죠. 서로 약간씩 양보해야겠죠."

"미국처럼 미용실도 예약제로 운영될 겁니다. 주니어와 시니어의 구별도 확실해지고요. 주니어는 저렴하게, 시니어는 비싸게요."

헤어디자이너의 이야기를 듣다 보니 협상에서의 주고받기와 비슷한 점이 있었다. 협상 중에 이견이 발생할 경우, 서로의 입장에서 대안을 제시하는 것이다. 최종안은 양측이 모두 받아들일 수 있는 절충안이 되어야 한다. 일상생활에서와 마찬가지로 협상 테이블에서 절충안을 만들기는 쉽지 않다. 서로의 이해관계가 복잡하게 얽히고설킨 경우는 더욱 그렇다. 그럴 경우, 근본적인 문제점을 파악하는 것이 우선이다. 위 사례의 경우, 가장 근본적인 문제는 애기 헤어디자이너의 처우이다. 만약 애기 디자이너와 미용실 주인이 처우개선 협상을 한다면 어떤 결과가 나올까?

## [ 상대방의 마음을 훔쳐라 ]

절충안을 만드는 최종단계에서는 언어기술이 상당히 중요하다. 아무리 내용이 좋아도 표현이 서툴거나 부적절한 경우 효과가 감소하기 때문이다. 여러 가지 기술이 필요하지만 가장 중요한 것은 상대방의 입장에서 말을 하는 것이다. 상대방이 피부로 배려를 느낄 수 있어야 효과적이다.

**다치실까 봐요** | 사소한 표현력이 마음을 움직인다

"거기 계시면 안 됩니다!"

"왜? 내 마음이야!"

"아저씨, 남의 앞을 가로막으면 어떡해요!"

"뭐야! 당신이 뭔데 나보고 이래라저래라 해?!"

주차공간이 부족한 도심에서는 심심치 않게 벌어지는 실랑이다. 주차공간을 찾기도 어렵고 정작 힘들게 찾아도 지나가는 행인들 때문에 한참 동안 비상등을 켜고 기다려야 할 때도 있다. 감정이 섞인 말이 왕왕 오가기도 한다. 상대방의 적극적인 행동이 필요한 경우라면 언어의 기술을 반드시 갖추어야 한다. 자신의 주차장 앞을 불법점유(!)하고 있는 사람에게 어떻게 이야기를 하면 좋을까?

상대가 험상궂게 생긴 남자라면 분위기가 갑자기 뜨거워질 수도 있다. 자신을 불법점유자 취급하는 태도 자체에 거부감을 느끼고 발끈할 수도 있기 때문이다. 사실 여부는 그리 중요하지 않다. 그냥 언짢아진 기분을 표출하는 것이다. 이런 위기상황에서 벗어나려면 지혜가 필요하다. 불필요한 마찰은 줄이고 원하는 목적을 달성하려면 부드러운 터치가 효과적이다.

"거기 계시면 다칠까 봐요!"

사람의 마음은 아주 사소한 것으로도 움직인다. 작은 표현 하나로 기분을 상하게 할 수도 있고, 상대방의 마음을 얻고 원하는 대로 행동하도록 유도할 수도 있다. 작지만 강한 힘을 발휘하는 잔기술인 셈이다. 협상에서도 호의적인 분위기를 이끌면 성공적인 협상타결에 일조할 수 있다. '말 한마디로 천 냥 빚을 갚는다'는 속담의 뜻을 다시 한 번 되새겨봐야 한다.

## 다시 보낼까요? | 먼저 호의를 베풀어라

어느 여름날, 미국 시카고에 간 적이 있었다. 시카고 미술관 근처에 위치한 로스쿨 입학 담당자와 정보 인터뷰가 잡혀 있었기 때문이다. '정보 인터뷰(informational interview)'는 말 그대로 정보를 얻기 위한 만남이다. 인터뷰 결과에 따라서 입학 여부가 결정되는 것이 아니라, 입학원서를 넣기 전에 서로 만나서 궁금한 점을 가볍게 질문하고 답변하는 기회를 갖는 것을 이른다. 상황에 따라서는 꽤 유용한 방법이다. 입학 담당자와 개인적인 친분을 쌓을 수 있기 때문에 혹시라도 커트라인에 걸리면 동정표를 얻을 수도 있다.

이후 로스쿨에 지원서류를 보낸 후 생긴 일이다. 신속한 서류접수를 위해서 페덱스에 비싼 돈을 주고 항공편 익일서비스로 보냈다. 다음 날 아침, 확인차 입학처 담당자에게 전화를 했다.

"줄리아, 어제 보낸 신청서류를 받으셨나요?"

"아직 못 받았습니다. 확인해보겠습니다."

잠시 후, 그녀에게서 답이 왔다. 받은 사람이 없다고 했다. 그럴 리가 없을 텐데! 궁금해서 페덱스 홈페이지에 접속해서 트래킹넘버로 배송상태를 조회해보았다. 학교 측 직원으로 추정되는 남자가 서명하고 인수했다고 나왔다. 어렵게 준비해서 보낸 신청서류가 학교에서 분실되다니. 과히 유쾌한 상황은 아니었다. 잠시 감정을 추스른 후, 줄리아에게 전화를 걸었다.

"제 서류는 아직 발견되지 않았나요?"

"네, 아직요."

순간 머릿속이 복잡해졌다. 로스쿨에서 지원서류조차 제대로 챙기지 못했다는 사실은 충격적이었다. 버럭 소리라도 치고 싶은 충동이 느껴졌다. 며칠 동안 힘들게 작성한 서류를 분실하다니. 하지만 마음을 가라앉히고 입학 담당자와의 호의적인 관계를 유지하기 위한 '정보 인터뷰' 당시의 초심으로 돌아가기로 마음먹었다.

"제가 다시 보낼까요?"

"그럴 필요는 없습니다. 다시 한 번 확인해보고 연락 드릴게요."

몇 시간이 지난 후, 줄리아에게서 이메일이 도착했다. 마침내 찾았다는 것이다. 자세히 살펴보니, 첨부파일도 하나 있었다. 입학허가를 축하하는 공식편지였다. 정식 입학허가서는 우편으로 보내주겠다고 덧붙였다. 전혀 예상하지 않았던 일이 벌어진 것이다. 내 인내력에 감동(!)을 받은 줄리아가 '전권'으로 입학허가를 내준 것이다. 일반적으로 미국 대학은 입학위원회를 소집하여 상당히 까다로운 절차를 통해서 입학허가 여부를 결정한다. 짧게는 몇 주, 길게는 몇 달이 걸리기도 한다. 가끔 입학처장의 전권을 인정하는 경우도 드물게 있기는 한데, 필자가 바로 그 행운의 주인공이 된 것이다.

몇 달 후 시카고 시내에 위치한 네이비 피어(Navy Pier)에서 열린 신입생 환영회에 줄리아와 함께 참석했다. 가볍게 맥주를 마신 줄리아가 대뜸 과거사를 들먹였다. 무거운 짐을 내려놓는 듯 착잡한 표정으로.

"원래 (4.0 만점에) 평점 3.5가 안 되면 서류검토도 하지 않습니다."

처음엔 무슨 말인지 잘 이해가 안 됐다. 신입생 환영회에서 생뚱맞게 평점 이야기를 왜 하는 걸까? 아직 첫 학기 중간고사도 안 봤는데 말이다. 그러다가 신입생 중 내 평점이 제일 낮았다는 뜻이 아닌가 하는 생각이 들었다. 간신히 턱걸이를 한 셈이다. 로스쿨 평점이 가장 낮았지만 학교 측의 배달사고로 입학허가를 받은 셈이다. 아마도 줄리아는 내 평점을 제대로 검토하지도 않고 덥석 입학허가를 해준 것 같았다. 배달사고 때문에 미안해서 그랬을 것이다. 나중에 서류를 천천히 검토하다가 평점 문제가 발생하지 않았나 생각된다. 이미 엎질러진 물. 입학위원회를 어렵게 설득했을지도 모른다. 취중진담일까? 다음 날 사무실에서 다시 만난 줄리아는 언제 그랬냐는 듯 해맑게 웃었다. 세상만사 새옹지마. 화를 내거나 성급하게 행동하지 않고 쿨하게 서류를 다시 보내면 어떻겠냐는 대안을 제시했기에 합격의 기쁨을 누릴 수 있었다. 이처럼 어느 곳에서든 자신의 입장뿐 아니라 상대방의 입장을 배려하여 말하면 뜻밖의 성과를 거둘 수도 있다.

### 우리끼리 하는 말인데요 | 비밀을 공유하라

"거기서 무슨 얘기를 하셨어요?"

싱가포르와의 FTA 협상 중에 외교통상부 외무관이 물었다. 싱가포르 대표단과 호텔 로비에서 담소를 나누고 있는 모습이 포착됐기 때문이다. 외교통상부가 타 부처 직원들의 동태를 계속 주시하고 있다는 사실을 새삼 알게 됐다. 때마침 대놓고 싱가포르 공무원들과 화기애애한 대화를 나눈 것을 보고 뭔가 탐탁지 않은 듯했다. 마치 국가기밀을 적국에 팔아먹은 스파이처럼 취급했다.

"제주도 날씨에 대해 이야기 했는데요."

"안 박사님, 저희 프로토콜 잘 아시죠?"

"무슨 프로토콜 말씀인가요?"

"모든 공식적인 대화채널은 저희를 통해야만 한다는 것이죠."

외교통상부의 시집살이가 이 정도인 줄은 미처 몰랐다. 무슨 범죄용의자처럼 대하는 분위기에 적잖이 당황했다. 필자가 무슨 대역죄라도 진 것인가? 외교통상부가 은근히 견제를 한다는 느낌이 들었다. 당시 한국대표단으로 참석한 100여 명 중에서 필자가 유일한 미국 변호사라는 점도 이러한 태도에 일조한 것으로 보인다. 사적인 대화까지도 간섭하려는 것 같아서 한마디했다.

"사적인 이야기도 못합니까!"

"그냥 노파심에 말씀드린 겁니다."

그날 알리지 않는 사실이 있었다. 담소를 나눴던 싱가포르 공무원들과 저녁식사를 하기로 한 것이다. 대신 필자의 협상 파트너였던 '싱가포르 정보통신개발청(IDA, 2016년 IMDA로 합병됨)' 대표는 저녁식사 멤버에 포함되지 않았다. 그날 협상일정을 모두 마친 후, 호텔 로비에 다시 모였다. 호텔 프런트 데스크에서 추천한 제주 흑돼지

맛집으로 향했는데, 제주 흑돼지에 대해 전혀 모르는 싱가포르 친구들은 아주 맛있게 식사를 했다. 다음 날, 호텔 로비에서 전날 멤버들을 우연히 만났다. 그중 1명이 질문했다.

"왜 흑돼지라고 부르죠?"

"피부색깔이 검은색이라서요."

"아하. 그랬군요. 전 까맣게 태운다는 뜻으로 오해했어요."

굳이 그 친구에게 제주 흑돼지의 생활환경에 대해서 말하진 않았다. 맛있게 잘 먹고 기분이 상할 것 같아서다. 오후 통신서비스 협상을 마친 후, 싱가포르 IDA 대표 중 1명이 물었다.

"어제 맛있는 거 먹고 왔다면서요?"

"뭘요?"

"저희 둘만 쏙 빼고 외교부 친구들만 데리고 가셨다면서요!"

"어떻게 아셨죠?"

"그 친구들이 하도 자랑해서 소문 다 났죠."

협상의 원칙 중 하나는 상대방의 마음을 훔치는 것이다. 이미 삐친 마크를 달래줄 묘안이 필요했다.

"사실 비밀이 있어요!"

"무슨 비밀이요?"

"어제 외교부 친구들한테는 말 안 했는데요."

"뭔데요?"

"이거 말하면 큰일나요! 정말 우리끼리 비밀이에요!"

다른 사람과 가까워지는 방법 중 하나는 비밀을 공유하는 것이다. 비밀의 의미는 다분히 주관적일 수 있다. 내게는 일급비밀일 수 있으나, 다른 사람에게는 일반상식이 될 수도 있기 때문이다. 하지만 '우리끼리의 비밀'이라는 표현은 매우 강한 응집력을 지닌다.

"흑돼지의 비밀이죠."

"어제 저녁 메뉴 말씀이죠?"

"네."

"싼 걸 먹어요."

"싼 사료를 먹는 건가요?"

"아뇨. 사람이 싼 똥을 먹죠."

"……."

"원래 이름이 똥돼지죠."

마크는 상당히 놀란 표정을 지었다. 그리고 잠시 후, 뭔가 흡족한 미소를 지었다. 자신만의 비밀을 갖게 되었기 때문이다. 별로 중요한 이야기는 아니었지만, 마크와의 교감을 이룬 에피소드였다. 감정의 주고받기는 협상 테이블에서 큰 힘을 발휘하기도 한다. 두 달 후, 협상 테이블에 로버트라는 새로운 대표가 참석했다. 옥스퍼드 대학 출신으로 마크의 상관이라고 했다. WTO 담당으로 제네바에서 근무하다가 협상을 돕기 위해 긴급투입된 것이었다. 로버트는 협상기간 내내 강경한 태도로 일관했다. 이전 협상까지 화기애애했던 테이블 분위기는 완전히 깨졌다. 이틀째 협상을 마친 후, 허탈한 느낌까지 들었다. 보고서에 쓸 만한 성과가 거의 없었기 때문이다.

'로버트 때문에 되는 일이 하나도 없군!'

호텔방에서 혼자서 고민을 하고 있는데 갑자기 방문을 두들기는 소리가 들려왔다. 늦은 시간이라서 조금 잠긴 듯한 목소리로 물었다.

"Who is it?"

문을 열어보니 마크였다. 항상 해피페이스로 유명한 마크의 얼굴이 그날따라 어두워 보였다. 그 친구도 나와 똑같은 고민을 하다가 결국 찾아온 것이었다. 상관 로버트의 강경한 입장고수로 협상이 진행조차 되지 않으니 답답할 법도 했다.

"로버트 때문에 너무 힘들어요."

"왜요?"

"아무리 설명을 해도 막무가내죠. 너무 고집이 세요."

"WTO와 FTA 협상 차이를 잘 모르는 건 아닐까요?"

"맞아요. 무조건 오래 버티면 유리한 WTO 협상방식에 너무 집착하는 것 같아요."

서로의 애로사항을 주고받다 보니 자연스럽게 공감대가 형성되었다. 몇 달 동안 힘들게 만든 공든 탑을 로버트가 다 무너뜨리는 느낌이 들었다. 상대국 내부사정이라서 왈가불가할 입장은 아니라서 말을 아꼈다.

"우리끼리 비밀인데요."

그 말을 듣는 순간 제주도 똥돼지가 떠올랐다. 내일 로버트랑 같이 밥 먹으면서 친해지자는 뜻인가 하고 생각했다. 그런데 내 짐작은 완전히 빗나갔다.

"로버트는 다음부터 안 올 겁니다."

"왜요?"

"다시 WTO 업무를 하러 제네바로 돌아갑니다."

"혹시 무슨 일이 있었나요?"

"내부회의 결과 그렇게 결정됐어요. 이제 너무 걱정하지 마세요."

이것이 과연 똥돼지 비밀의 힘일까? 싱가포르 정부 입장에서는 상당히 민감한 내부정보를 알려준 것이다. 비록 협상 상대국 대표지만 서로간의 신뢰 및 교감이 있었기에 가능한 일이다. 딜브레이커 역할을 하던 로버트를 똥돼지 멤버까지 포함된 기존의 딜메이커들이 똘똘 뭉쳐서 축출한 셈이다. 이처럼 협상에서는 상대방과의 교감이 무척 중요하다. 협상은 결국 다른 사람과의 소통, 즉 마음과 마음의 주고받음이기 때문이다.

상황을 역전시키고 주도권을 잡는 딜메이커되기

# 대화의 절반은 협상이다

**초판 1쇄 발행** 2014년 10월 10일
**개정판 1쇄 발행** 2023년 1월 17일
**개정판 2쇄 발행** 2024년 5월 24일

**지은이** 안준성
**펴낸이** 이범상
**펴낸곳** ㈜비전비엔피 · 비전코리아

**기획편집** 차재호 김승희 김혜경 한윤지 박성아 신은정
**디자인** 김혜림 최원영 이민선
**마케팅** 이성호 이병준 문세희
**전자책** 김성화 김희정 안상희 김낙기
**관리** 이다정

**주소** 우)04034 서울시 마포구 잔다리로7길 12 (서교동)
**전화** 02)338-2411 | **팩스** 02)338-2413
**홈페이지** www.visionbp.co.kr
**인스타그램** www.instagram.com/visionbnp
**포스트** post.naver.com/visioncorea
**이메일** visioncorea@naver.com
**원고투고** editor@visionbp.co.kr

**등록번호** 제313-2005-224호

ISBN 978-89-6322-199-1   13320